카레로 보는
인도 문화

가라시마 노보루 지음 | 김진희 옮김

AK

일러두기

1. 이 책은 국립국어원 외래어 표기법에 따라 외국 지명과 인명 및 상호명을 표기하였다.

2. 본문 중 주석은 작은 글자로 표기하였다. 역자의 주석은 '역주', 감수자의 주석은 '감수자 주'라고 표시하였고, 그 밖의 것은 저자의 주석이다.

3. 서적 제목은 겹낫표(『 』)로 표시하였으며, 그 외 인용, 강조, 생각 등은 따옴표를 사용하였다.
   예)『카레학 입문カレー学入門』,『인도카레전インドカレー伝』

4. 이 책은 산돌과 Noto Sans 서체를 이용하여 제작되었다.

머리말

나는 지금까지 카레와 관련하여 아내 다카코와 함께 공저로 『카레의 신상カレーの身の上』과 『카레학 입문カレー学入門』이라는 두 권의 책(모두 가와데쇼보신샤에서 출간했으며, 앞의 서적에는 편집부도 참여)을 집필했다. 우연히도 앞의 서적이 만화 『맛의 달인美味しんぼ』의 원작자 가리야 데쓰 씨의 눈에 들어갔다. 가리야 데쓰 씨가 날 찾아왔고 이야기가 무르익은 결과, 제24권에서 '카레 관련 서적을 쓴 인도 역사 전문가 가라시마 선생님'으로 등장했고 그 후 나는 카레 박사로 불리게 되었다.

나와 인도의 인연은 지금으로부터 50년 전, 대학 졸업 논문으로 '촐라 왕조 비문 연구 서설'이라는 졸고를 썼을 때부터이다. 처음으로 인도에서 유학했던 1961년부터 2008년 12월 여행에 이르기까지, 각각 3년에 달하는 두 번의 장기 체재(두 번째는 가족과 함께)를 포함하여 여태까지의 총 체재 기간을 합하면 근 8년 가까이 된다. 지금에 와

서 생각해보면 그동안 인도 각지에서 다양한 카레를 먹었다. 아내도 가족이 다 함께 인도에서 체재하면서부터 여러 가지 카레를 먹었고 직접 만들기까지 했다. 그 결과가 앞서 언급한 두 권의 서적이다.

그러나 두 서적의 내용은 본서의 앞부분에서 나오는 '카레란 무엇인가' 하는 내용을 길게 늘려놓은 것으로, 각각의 요리에 대해서는 언급하지 않았다. 카레가 성립되기까지의 과정을 지방의 역사와 관련하여 설명하지도 않았다. 그 때문인지 친구와 독자로부터 "레시피를 알고 싶어요!", "역사에 대해 좀 더 구체적으로 설명해주면 좋겠어요!"라는 의견을 많이 받았다. 그러한 요망에 제대로 부응했는지 못했는지는 모르겠으나, 부응하고자 노력하여 완성한 것이 본서이다.

다만 그 노력에는 큰 고난도 따랐다. 고난이란 주로 레시피 문제였다. 이번에는 아내와 공저로 집필하는 형태를 취하지 않았으나, 레시피와 요리 설명 부분에서는 역시 아내를 귀찮게 할 수밖에 없었다. 그런 아내와 내가 난감했던 이유는 집에 있는 몇십 권의 인도 요리책을 펼쳐보니 거기에 기재된 레시피가 같은 요리인데도 천차만별이었기 때문이다. 재료도 조리법도 저자에 따라서 크게 달랐다. 결국, 레시피라는 것은 사람에 따라 다르다는 것이 우리가 도달한 결론이었다.

또 다른 문제는 설령 레시피를 기재하더라도 일본에서 구할 수 없는 재료가 많고, 재료의 질도 일본이냐 인도냐에 따라서 다르다는 점이었다. 인도의 고기는 질기고, 일본의 고기는 부드럽다. 야채의 맛도 일본과 인도는 다르다. 도쿄 아카사카에서 '더 타지THE TAJ'를 경영했던 로이 씨의 말에 따르면 "일본 콜리플라워에선 향기가 나지 않아요"라고 한다. 그러므로 레시피는 어디까지나 "이 요리는 이런 느낌의 요리랍니다!" 하고 이해를 돕기 위해 기재한 것이라고 생각해주길 바란다.

나아가 머리말에서 한 가지 더 말하고 싶은 것은 나는 이 책에서 카레를 단순히 식사용 요리로서 소개하려는 게 아니라 인도 문화의 하나로서 설명하고자 한다는 점이다. 조금 더 과장되게 말하자면 내가 본서에 담은 것은 우리가 흔히 카레로 알고 있는 인도 요리를 테마로 하여 풀어낸 인도 문화에 관한 '문화론'이다. 자세한 내용은 최종장에서 확인하길 바라지만, 인도 문화는 그 안에 많은 다양성을 품고 있고 그러면서 동시에 전체로서 통일성을 이룬다. 독자 분들이 만일 본서를 통해 이를 이해한다면 나로선 그보다 더 큰 행복은 없을 것 같다.

다소 딱딱한 이야기를 한 듯한데, 실제로 담겨 있는 내용은 내가 인도에 체재하며 했던 경험을 바탕으로 여러 가지 에피소드를 소개하며 독자가 편안하게 읽을 수 있도록 전하고자 노력했다. 게재된 사진은 인도 문화에 대한 남다른 이해를 지닌 사진가 오무라 쓰구사토 씨의 작품이다. 아무쪼록 사진들을 즐기며 편안한 마음으로 읽어주길 바란다.

또 요리책에는 레시피를 메인으로 하는 책 외에 인도 요리 전체를 대국적인 견지에서 해설한 책도 포함되어 있다. 그런 부류의 책 가운데 Lizzie Collingham, *CURRY a biography*, London, 2005는 케임브리지대학의 젊은 연구자가 여러 가지 사실을 실로 면밀하게 조사하여 집필한 훌륭한 책인데, 일본에서도 『인도카레전インドカレー伝』(도고 에리카 역, 가와데쇼보신샤)이라는 제목으로 정확하고 섬세하게 번역·출간되어 무척 참고가 많이 되었다. 또 K. T. Achaya, *Indian Food: A Historical Companion*, New

Delhi, Oxford University Press, 1994의 저자는 우리 가족이 살았던 마이소르의 '인도 중앙 정부 식료 기술 연구소'의 소장을 역임한 인물(고인)로, 이 책은 인도의 식사 및 음식에 관한 정보의 창고이다. 그 밖에 몇 가지 문헌을 책 뒤편의 '참고 문헌' 섹션에 기재해두었으므로 참고하길 바란다.

　마지막으로 레시피를 제공해주고 요리 이름과 내용에 관한 귀찮은 질문에도 흔쾌히 답변해준 여러 친구들, 특히 사카타 데지 씨와 니시오카 나오키 씨에게 깊은 감사의 마음을 전한다.

2009년 4월 1일
가마쿠라시 죠묘지, 진나암에서
가라시마 노보루辛島昇

목차

취재 협력

Riviera Suites, Kochi/The Mandovi, Goa/Mandovi Riviera, Goa
Dilli Dastarkhwan, India Islamic Cultural Centre, Delhi
Aaheli, The Peerless Inn, Kolkata/Ballygunge Place 6, Kolkata
appughar, 가나가와현 하야마/TAJ Kitchen, 도쿄

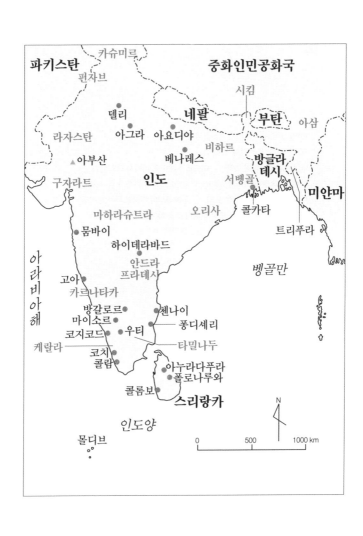

향신료 가게 앞(코치)

제1장 인도에서
카레라이스를 주문하면

에스닉 붐이 일어난 후 카레는 인도 음식이라는 지식이 일본에도 정착되었다. 인도 아대륙에서 건너온 요리사가 직접 요리하는 인도 레스토랑이 일본 전국에 넘쳐나고, 카레 요리는 일품요리로서 카레라이스를 넘어서 우리 식생활에 점점 스며들고 있다. 하지만 예전에는 카레라고 하면 카레라이스를 의미했는데, 그 역사는 메이지 시대(1868~1912년-역주)로 거슬러 올라간다.

나츠메 소세키의 소설 『산시로三四郞』에도 인기 메뉴로 라이스카레(옛날에는 그렇게 불렸다)가 등장한다. 지방에서 상경하여 도쿄제국대학에 입학한 지 얼마 되지 않은 신입생 산시로를 세상 물정에 밝은 요지로가 불러내 근처 식당에서 라이스카레를 사준다.

『산시로』(이와나미문고)

점심밥을 먹으러 하숙집으로 돌아가려던 차에 어제 편치화를 그리던 남자가 와서 "어이! 이봐!"라고 불렀고 요도미켄이라는 식당으로 끌고 가 라이스카레를 사주었다.

『산시로』가 「아사히신문朝日新聞」에 연재된 때가 1908년 경이므로 백 년 전부터 도쿄에서 카레라이스를 먹은 셈이다. 다만 당시 카레라이스는 메밀국수가 6전이었던 데에 비해 60전이나 했다. 이는 카레라이스가 영국에서 전래된 고급스러운 양식 요리였기 때문이다.

그런데 인도 요리가 어째서 영국에서 전래되었을까? 이유는 간단하다. 그것은 당시 인도가 영국의 식민지였기 때문이다. 영국은 인도의 상당 부분을 18세기 후반부터 지배하기 시작했고, 이에 '인도 대반란'(1857년)이 일어나기도 했다. 하지만 반란은 즉시 진압되었고, 1877년부터는 빅토리아 여왕이 인도 황제를 겸했고 그 체제가 제2차 세계대전 후인 1947년까지 이어졌다.

광대한 인도를 식민 통치하기 위해 영국은 방대한 수의 병사와 관료를 파견해야 했다. 그들 중에는 재임기간 동안 온갖 수단으로 돈을 긁어모아 영국으로 귀국한 뒤 우아한 생활을 보낸 사람도 많았다. 또 현지 부인과 동거하며 인도 생활에 적응한 자도 있었다.

좌우간 그들은 많은 하인에 둘러싸여 생활했고, 식사도 전적으로 인도인 주방장에게 맡겼기 때문에 매운맛에 괴

로워하면서도 점차 카레 요리에 익숙해져 갔다. 그 과정에서 본래의 인도 카레와는 전혀 다른 영국인의 입맛에 맞는 영국풍 카레 요리가 탄생했다.

이러한 경위로 인도 카레는 식민지 생활을 경험한 자들에 의해 영국으로 유입되었고 점차 영국 본토에서도 퍼져나갔다. 본국으로 돌아간 영국 부인이 자랑삼아 카레를 만들었다는 이야기가 윌리엄 새커리의 소설 『허영의 시장 Vanity Fair』(1848년)에도 나온다.

세들리 부인께서 아들을 위해 근사한 카레[1]를 만드시는 모습을 보았습니다.

라는 구절이 나온다. 부인의 아들이 인도에서 징세관으로 근무했다는 설정인데, 새커리 본인도 인도에서 태어나 유소년기를 그곳에서 보낸 사람이다. 또 그의 조부는 동인도회사 직원으로 인도에 부임하여 코끼리를 사로잡아 회사에 강매함으로써 거액의 부를 손에 넣었다.

---

1) 카레curry의 어원은 일본에서 유래된 단어이고 인도에서 표기하는 커리의 어원은 올 스파이스all spice란 의미이다. 즉, 10여 가지의 향신료 가루가 혼합된 상태를 말하며 그중 강황turmeric이란 향신료의 노란색을 바탕으로 커리 색이 형성된 것이다. 인도에서 커리란 10여 가지의 향신료를 혼합한 알갱이 상태granule를 말한다–감수자 주

이런 과정을 통해 19세기 후반에 걸쳐서 카레는 영국의 식생활에 정착되어 나갔다. 한편, 인도에서 영국인이 영국식 카레를 만들기 시작한 것과 마찬가지로, 영국에서도 카레의 영국화가 진행되었다. 인도에 거주하는 영국인들은 그나마 생 스파이스를 넣어 카레를 만들었지만, 이를 구할 수 없는 영국에서는 가루로 만든 스파이스를 섞어서 맛을 냈다. 인도에는 없던 '카레 가루'의 탄생이다.

그리고 영국인이 만들어낸 것이 한 가지 더 있다. 바로 밀가루를 버터로 볶아서 만든 '루'이다. 인도에서는 조리 과정에서 볶은 양파와 토마토 페이스트, 아몬드 파우더, 코코넛 크림 등에 의해 자연히 발생하는 '걸쭉함'을, 재료를 구하기 어려웠던 영국에서는 밀가루를 이용하여 만들어낸 것이다.

그래서 영국에서 만들어진 카레는 인도 카레하고는 상당히 다른데, 이것이 메이지 시대에 세련된 서양 요리로서 일본에 유입된다.

『산시로』가 출판된 것은 1909년인데, 그보다 이른 시기인 1872년에 간행된 『서양 요리 지침西洋料理指南』과 『서양 요리통西洋料理通』에 이미 서양 요리로서 카레라이스 만드는 법이 실려 있다.

다만, 여기에서 이해할 수 없는 것은 영국에서는 어디까지나 카레로 맛을 내는 '카레 요리', 즉 치킨 카레나 새우 카레였던 것이, 일본에서는 어째서 카레라이스(라이스카레)라는 일품요리로 변화했느냐 하는 것이다.

영어 사전을 펼쳐보면 '카레라이스curry and rice'라는 말이 등재되어 있는데, 이는 '밥을 곁들인 카레curry with rice'라는 뜻이며 미국 영어에는 이러한 말이 없다고 설명되어 있다.

인도에서 영국인이 만든 영국풍 카레는 남인도 마드라스(현 첸나이)의 영향을 강하게 받았다. 이 지방은 주식이 쌀밥이고, 남인도 카레에는 수프 타입을 밥에 부어 먹는 카레가 많다. 또 영국인은 카레를 '스튜'와 비슷한 것이라고 생각했기 때문에 카레와 밥을 조합한 curry and rice가 카레 요리 가운데 하나로 시민권을 얻을 수 있었던 것이다. 일본도 주식이 쌀이고 '덮밥'을 먹는 전통이 있기 때문에 이것이 인기를 얻어 '카레 요리=카레라이스'로 정착한 듯하다.

그럼 이번에는 본고장 인도 카레가 어떤 음식인지 살펴 보도록 하겠다.

내가 처음으로 인도에 유학하러 간 시기는 1961년이다. 그때는 내가 다닌 마드라스대학(대학원)이 있는 마드라스 에서 일 년, 그 후 인도 고대사와 중세사의 메인 사료가 되 는 각문(비문)을 편찬하는 인도 정부의 각문사료편찬소가 있던 닐기리 산중의 피서지 우다가만달람에서 이 년을 보 냈다. 1969년부터 1971년까지 가족과 함께 두 번째로 체 재했을 때도 처음 일 년은 마드라스에서, 그리고 나머지 이 년은 각문사료편찬소가 이전한 닐기리 고원의 마이소 르에서 보냈다.

이처럼 내가 인도에서 장기간 살았다는 이야기를 하면 일본 지인은 으레 "인도에서는 매일 카레라이스를 드셨나 요? 매워서 힘들지 않으셨어요?"라고 묻는다. 에스닉 붐이 일어난 후로는 이런 질문도 자취를 감추었지만, 그때는 카 레 가루란 카레 나무에 열린 열매를 가루로 빻은 것이라고 생각하는 사람도 있던 시대였다. 이 질문에 진지하게 대 답하려면 카레란 무엇인가부터 설명해야 하고 만만치 않 아서, 시간이 없을 때는 "네! 매워서 아주 고생했습니다!"

하는 식으로 적당히 대답하고 넘겨버렸다. 하지만 상대가 진지하게 묻고 있다고 느껴질 때는 다음과 같은 에피소드를 들려주었다.

그 에피소드는 과거에 내가 마드라스 일본총영사관 관원한테서 들은 이야기다. 꽤 오래전 이야기인데, 마드라스 총영사관을 방문했을 때 젊은 관원이 나에게 이렇게 물었다.

"선생님, 인도 카레라이스는 흰색인가요? 죽 같이 생겨선 불쾌한 냄새가 나나요?"

이런 질문을 받았는데, 나로선 무슨 말인지 도통 이해할 수가 없었다. 관원의 이야기는 이러했다. 그는 미국에서 바로 마드라스로 부임했는데, 도착한 지 얼마 되지 않아 아직까지 호텔에서 지내는 상태였다. 인도에 대해 아는 것이 전혀 없고, 카레를 혼자서 먹은 적도 없었다. 그런데 어느 날 일본 국회의원이 인도를 방문했고, 그가 국회의원에게 마하발리푸람을 안내하는 역할을 맡게 되었다. 마하발리푸람은 마드라스에서 자동차로 한 시간 거리에 위치하는 도시로, 일본으로 치자면 딱 가마쿠라와 같은 곳이다. 해안에 위치하는 역사적 도시이다. 지금은 작은 마

마하발리푸람의 해안 사원(8세기)

을이지만, 7~8세기의 힌두교 석굴과 석조 사원이 남아 있어서 피크닉하기에 딱이다.

넓고 푸른 바다를 배경으로, 부서지는 하얀 파도가 밀려드는 한 폭의 그림 같은 힌두교 사원의 아름다운 모습을 보고 마음까지 가벼워진 국회의원은 "이보게! 내가 인도에 와서 카레라이스를 아직 먹지 못했네만, 내게 그걸 맛보게 해주겠나?"라고 했다. 그때까지 호텔에서 중화요리를 먹거나 총영사관 관저에서 나오는 일식만 먹었기 때문에 국회의원의 부탁을 받고 관원은 무척 난처했다. 자신도 먹어본 적 없는 카레라이스를 어떻게 주문해야 할지 알 수 없었기 때문이다. 하지만 국회의원의 부탁을 거절할 수는 없다. 마음을 굳게 먹고 마하발리푸람의 작은 레스토랑에 들어가 종업원을 부르고 "커리 앤드 라이스!"라고 주문했다.

그런데 종업원은 의아하다는 표정을 지었다. 큰소리로 반복해서 말했지만, 그래도 이해할 수 없는 모양이었다. 발음이 나쁜가보다 싶어 미국식으로 혀를 잔뜩 꼬고 "컬리 라이스!", "컬리 라이스!"라고 반복했다. 그러자 종업원은 잠시 생각하더니 '아아! 알겠다!'라는 듯 씨익 웃고 사라졌다. 안심하고 그렇게 잠시 기다렸다. 그런데 드디어 갖고 나온 요리를 보고 그는 깜짝 놀랐다. 하얀 죽 같은 음식이 접시에 담겨 있었다.

"이즈 디스 컬리 라이스?"라고 묻자 종업원은 "오, 예스!"라며 웃었다.

국원의원도 "이보게, 이게 카레라이스인가?"라며 의아한 표정을 지었다. 관원은 여우에 홀린 듯한 기분으로 그것을 입으로 가져갔는데, 무언가 숨이 콱 막히는 이상한 냄새가 나서 목으로 넘어가질 않았다. 국회의원도 "뭔가 이상하네!"라며 뱉어내곤 숟가락을 던져버렸다. 도망치듯이 허둥지둥 마드라스로 돌아와 호텔에서 중화요리를 먹으니 그제야 살 것 같았고, 국회의원의 심기도 다시 좋아졌다고 한다.

그래서 그 직후에 총영사관을 방문한 내게 "선생님, 인도 카레라이스는 흰색인가요? 죽 같이 생겨선 불쾌한 냄새가 나나요?"라고 물은 것이다. 관원은 그때까지도 화와 짜증이 풀리지 않은 듯했다.

나도 질문받은 즉시 상황이 이해되지는 않았지만, "네? 유쾌하지 않은 냄새가 났다고요? 그리고 죽 같았고……?" 하며 이래저래 묻는 사이에 퍼뜩 짐작 가는 것이 뇌리를 스쳤다. 금방이라도 웃음이 터질 것만 같았다. 그가 먹은 것은 '요거트 밥'이다. 요거트 밥이 분명하다. 내가 그렇게 추측한 이유를 설명해보겠다.

일본인의 사고방식에서는 밥과 요거트가 도통 연결되지 않지만, 인도에서는 식사할 때 으레 요거트를 먹고, 특히 남인도에서는 일반적으로 식사 마지막에 밥에 요거트를 부어 먹는다. 도시락에도 그냥 밥과는 별도로 요거트

요거트 밥(위). 밥에 요거트를 부어 먹는 경찰관의 모습(아래)

를 섞은 밥이 들어 있다. 요거트는 스파이스의 매운맛을 중화시켜주고, 카레를 먹은 다음에 요거트를 먹으면 입안이 산뜻해진다. 그러므로 요커트밥 자체는 전혀 이상할 것이 없지만, 문제는 컬리 라이스라고 말했는데 왜 요커트밥이 나왔는가 하는 것이다.

인도에서는 요거트를 뜻하는 말로 보통 '커드curd'라는 영어 단어를 쓴다. 인도인은 영어로 말할 때 알r을 강하게 발음한다. 그 결과, 마이 카는 마이 칼이라고 발음하고, 마찬가지로 커드 라이스는 컬드 라이스라고 발음한다. 따라서 관원이 발음한 미국식 발음 컬리 라이스를 컬드 라이스로 오해한 것이다.

의문이 한 가지 더 있다. 만약 인도에 카레라이스라는 일품요리가 있다면 종업원도 컬리 라이스를 컬드 라이스로 오해하지 않고 제대로 카레라이스(커리라이스)를 가져다주지 않았을까?

여기에서 문제는 우리가 카레라이스라고 했을 때 떠올리는 것과 똑같은 카레라이스가 과연 인도에도 있는가 하는 것이다. 앞서 살펴본 바와 같이 카레라이스란 말하자

바닥에 설치된 돌절구

면 영국인이 영국 요리로서 발명한 음식으로, 인도에는 일품요리 형태의 카레라이스가 존재하지 않는다. 그래서 마하발리푸람 레스토랑의 종업원이 컬리 라이스를 컬드 라이스로 오해한 것이다.

그럼 인도의 카레 요리란 어떤 요리이고, 애당초 카레란 무엇일까? 그것이 그다음 문제이다.

카레 가루는 영국인이 발명했다는 이야기는 이미 앞서 말했다. 그렇다면 인도인은 무엇으로 어떻게 음식의 맛을 낼까?

그들은 생 스파이스(생강, 강황, 코리앤더 잎 등등)를 으깨서 사용한다. 그래서 돌절구가 필요하다. 인도 가정집의 주

조리대에 설치된 돌절구

방에는 반드시 멋들어진 돌절구가 있다. 돌절구는 크게 분류하여 ①크게 뚫린 동그란 돌절구 구멍에 마찬가지로 돌로 된 큼직한 원통형 막대기를 찔러넣고 돌리는 타입과 ②두툼한 원통형 돌막대기를 돌판 위에서 데굴데굴 굴리는 타입의 두 가지가 있다. 이것이 주방 바닥이나 조리대에 설치되어 있는 경우가 많다. 근대적 아파트 주방에도 당연히 갖추어져 있다.

주부는 조리할 때마다 돌절구에 10종류 또는 20종류가 넘는 스파이스를 넣고 데굴데굴 돌막대기를 움직여 스파이스를 으깨 페이스트 상태로 만든다. 생강이나 강황 등은 생으로도 간단히 페이스트가 되지만, 건조시킨 것은 기름에 볶은 후에 으깬다. 이렇게 해서 만든 페이스트(이것이 카레이고, 다른 말로는 마살라라고 한다)를 요리 중에 넣어서 맛을 낸다. 어떤 요리에 어떤 스파이스를 넣을까는 주부의 요리 실력이 드러나는 부분일 뿐 아니라 가족의 건강을 생각해서 "오늘은 아들이 감기에 걸렸으니까 커민을 듬뿍 넣자!" 등의 섬세한 배려를 하는 부분이기도 하다.

따라서 카레에는 그 가정 특유의 '어머니의 손맛'이 존재한다. 사실 오늘날에는 인도에서도 혼합 카레 가루, 즉 각각의 요리를 위한 '~파우더'가 판매되고 있고 맞벌이하는 젊은 주부 등은 이에 의존하는 것이 보통이라 '어머니의 손맛'이 점점 사라지고 있다.

이와 함께 '아침을 깨우는 소리'도 사라지고 있다. 과거에 일본 가정에서 울려 퍼졌던 '아침을 깨우는 소리'는 부엌에서 어머니가 된장국에 넣을 무 등의 채소를 써는 통통통 하는 부엌칼 소리였고, 인도 가정에서 울려 퍼졌던 '아침을 깨우는 소리'는 돌절구를 굴리는 데굴데굴데굴 하는 묵중한 소리였다. 아쉽게도 카레 가루를 사용하기 시작하면서 인도 가정에서도 이 소리가 사라지고 있다.

내가 두 번째로 인도에 장기 체재했던 시기에는 주부의 노동량을 경감시키기 위해 철제 손잡이가 달린 전동 돌절구가 유행했다. 마드라스대학의 타밀어 교수이자 유명한 작가이기도 한 바라다라잔 교수님 댁에도 구비되어 있었다. 전동 돌절구도 곧 전동 블렌더로 교체되었고, 지금에 와서는 카레 가루는 고사하고 전자레인지에 넣고 돌리기만 하면 되는 '인스턴트 카레'가 유행 중이다. 바쁜 주부 입장에서는 이쪽이 훨씬 간편할 것이다.

하지만 시장에서는 스파이스 가게가 지금도 제일 중요한 위치를 점하고 있다. 그럼 인도인이 일상적으로 카레로 사용하는 스파이스는 무엇일까?

에스닉 붐 덕분에 요즘은 일본에서도 꽤 다양한 스파이스를 구할 수 있다. 하지만 그래도 여전히 작은 병에 담긴 것이 슈퍼마켓 선반 한쪽에 그저 놓여 있는 수준에 지나지 않는다.

하지만 인도 시장에서는 이들 스파이스가 명실상부한 주인공이다. 터메릭(강황), 커민(마근), 코리앤더(고수), 블랙 페퍼와 화이트 페퍼(후추), 머스터드(겨자)를 필두로 수많은 향신료가 담긴 큼지막한 포대가 빽빽하게 놓여 있고, 이것들을 가루로 빻은 것도 '쇠로 된 대야'에 산처럼 수북하게

스파이스 가게 입구

담겨 숨 막힐 듯한 향기를 내뿜는다. 옆의 야채 가게에는 생 스파이스인 빨갛고 파란 고추가 쌓여 있고, 마늘과 생강, 각종 허브도 수북⋯⋯. 클로브(정향), 카다몬(소두구), 시나몬(육계) 등의 향기가 진하고 비싼 스파이스도 많다.

그중에서 얼마만큼을 일상적으로 사용할까? 많은 주부가 말하길 약 20종류가량을 일상적으로 사용한다고 한다. 그래서 이것이 빠지면 카레라고 할 수 없는 기본적이며 중요한 스파이스는 무엇이냐고 물었더니, 거의 동일하게 대답한 것이 다음의 다섯 가지였다.

터메릭, 커민, 코리앤더, 후추, 겨자.

이 다섯 가지에 칠리(고추)가 추가되고 또 클로브니 카다몬이니 하는 것이 차례로 추가되어 20종류에 이르니 우리로서는 두 손을 들 수밖에 없다. 하지만 인도 주부들은 이를 잘 조합해 요리에 맞는 카레 페이스트를 만들어 조미료로 써왔다.

찌개를 끓일 때는 국물에 넣고, 생선을 구울 때는 생선 표면에 뿌리는 식으로 어디에나 쓴다. '센베이'와 비슷한 구운 과자에도 쓴다. 이렇게 보면 그야말로 일본의 '간장'과 같다. 카레 페이스트는 맛을 내기 위한 기본적인 종합

스파이스 가게

조미료인 것이다. 인도의 주부는 이러한 카레 페이스트를 매일 매일 자신의 손으로 직접 만든다. 오늘날에는 카레 가루를 사용한다고 하나, 결코 그대로 사용하지 않고 재료나 가족의 취향, 건강 상태에 따라서 대개는 스파이스를 다소간 추가한다. 좌우간 종합 조미료라는 의미에서 카레는 일본의 간장에 해당한다고 할 수 있다.

그렇게 생각하고 보면 마하발리푸람 레스토랑의 종업원이 카레라이스를 이해하지 못했던 것도 납득이 간다. 이는 말하자면 일본 식당에서 '간장 밥'을 주문한 것과 같은 것이기 때문이다. 종전 직후, 한창 식량난에 허덕였던 시대에는 대학교 학생 식당에 '간장 밥'이라는 메뉴가 있었다는 이야기를 들은 적이 있으나, 도시에 있는 고급 레스토랑이나 외국인이 숙박하는 호텔 식당이라면 모를까, 마하발리푸람에서 카레라이스를 주문한 것은 실수였다.

그럼 '카레'라는 말은 어느 시대에 어느 지방에서부터 쓰기 시작했을까? 또 수많은 스파이스를 섞어서 조미료로 쓰는 조리법은 어디에서 어떻게 시작되었을까? 장을 바꾸어서 살펴보도록 하자.

탄자부르 대사원 기단의 타밀어 각문

제2장 '카레'의 어원과
'카레'의 성립

'카레'의 어원은 대체 무엇일까?

요즘 들어 '카레' 또는 매운 인도 요리와 관련하여 '가람 마살라'라는 말을 자주 듣는다. 가람 마살라의 어원은 무엇일까? 가령 카레와 가람 마살라의 의미가 '스파이스 혼합 조미료'라면 둘 중에서 어느 쪽이 원래 인도에서 쓰는 말일까?

『옥스포드 영어사전』에 따르면 마살라는 요리 재료를 뜻하는 아라비아어가, 인도에서 이슬람교도가 쓰는 우르두어로 유입되어 쓰이게 된 말로, 그 뜻은 '요리에서 사용되는 으깬 스파이스 혼합'이라고 설명되어 있다.

그런데 옥스퍼드 영어 사전에서 카레curry를 찾아보면, '스파이스를 듬뿍 넣은 인도풍 소스로 만든 고기 또는 야채 요리'라는 설명 뒤에, 말의 기원과 관련하여 '16세기 말, 타밀어 kari에서 유래'했다고 쓰여 있다. 타밀어에서 유래했다는 부분이 이상한데, 16세기 말이라는 부분이 당시 인도반도 서해안의 고아에 거점을 두었던 포르투갈인의 포르투갈어를 거쳐서 영어로 유입되었음을 의미한다.

영어에 영향을 준 인도 말의 어원을 다룬 『홉슨 좁슨 Hobson-Jobson』이라는 재미있는 사전이 있다. 이 사전에

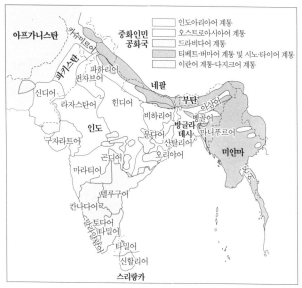

인도 언어 지도

서 curry를 찾아보면 '타밀어로 소스라는 뜻으로, 고아에
서 지금도 사용되는 칸나다어 카릴karil에서 유래했으며,
포르투갈인에 의해 영어로 유입되었다'고 쓰여 있다. 권위
있는 타밀어 사전에 kari는 야채, 고기, 후추라고 설명되어
있을 뿐 소스라는 뜻은 없으며, 칸나다어에는 karil이라는
형태의 단어가 없다. kari라는 형태는 칸나다어에도 있지

만, 타밀어와 마찬가지로 야채, 고기, 후추를 뜻한다고 되어 있다.

타밀어는 북인도 아리아 계통 언어와는 다른 드라비다 계통 언어로 인도반도 남부 동해안에서 쓰며, 고아 주변에서도 마찬가지로 드라비다 계통의 칸나다어를 쓴다. 고아에서는 아리아 계통의 콘칸어도 쓰지만, 주된 언어인 칸나다어에서 포르투갈어로 유입되었을 가능성도 충분하다.

다만 이 말에는 소스나 양념이라는 뜻은 없고, 또 포르투갈인이 로마자로 표기한 karil이라는 형태는 없는 점이 신기하다. 무언가 이상하다. 야채와 고기라는 인도 식문화에서 완전히 대립되는 두 가지 뜻이 한 단어에 들어 있는 것도 이해할 수 없는 점이다.

그래서 내가 가설을 하나 세워보았다.

16세기 말 고아 지방에 체재한 네덜란드인 린스호턴은 인도인의 식사에 관하여 다음과 같이 기록했다.

생선은 거의 쌀과 함께 먹는다. 그들(인도인)은 생선을 수프에 넣어서 끓이고, 이를 밥에 부어 먹는다. 양념은 구스베리나 덜 익은 포도에 절인 것처럼 신맛이 나는데, 그래도 꽤 맛이 좋다. 이를 카릴이라고 부르는데, 그들이 일상적으로 먹는 요리다.

여기서 말하는 수프란 삼바르(콩 베이스 야채 수프), 쿠람부
(콩 베이스 고기 또는 생선 수프), 또는 라삼(후추로 매콤하게 맛을 낸
맑은 수프) 등으로 불리는 남인도의 전형적인 카레 요리일
것이다. 모두 흰밥에 부어 먹을 수 있다.

또 한 명, 17세기 초에 포교할 목적으로 마찬가지로 고
아에 온 선교사 구베아도 다음과 같이 서술했다.

그들이 통상적으로 하는 식사는 밥과 여러 종류의 수프
음식이며, 그들은 이를 밥에 부어 먹는다. 그리고 이 지방
에서는 일반적으로 이를 카릴이라고 부른다.

부은 것은 무엇이며 그 안에는 어떤 재료가 들어 있었는
지는 기록되어 있지 않지만, 이것 또한 쿠람부나 삼바르,
라삼과 같은 부류였을 것으로 추정해도 크게 틀리지 않을
것이다. 비슷한 기록이 그 밖에도 있는 것을 보면 영어 커
리는 16~17세기에 포르투갈인과 네덜란드인이 기록한 '카
릴'에서 유래한 듯하다.

그런데 칸나다어 커리(카릴)에는 소위 카레라는 뜻이 없

는데, 어째서 린스호턴과 선교사 구베아는 수프를 부어 먹는 식사를 인도인이 커리(카릴)이라고 부른다고 기록한 것일까?

내 가설은 이렇다. 칸나다어와 타밀어 커리에는 야채와 고기라는 뜻이 있다. 포르투갈인은 수프를 부운 밥 요리의 이름이 무엇인지를 물었는데, 인도인은 수프에 들어 있는 '건더기', 즉 야채와 생선과 고기에 대해 묻는다고 생각해 '커리'라고 대답했다. 하지만 포르투갈인들은 이를 요리 이름으로 받아들였다. 그래서 이 요리 자체가 '커리(카릴)'라고 불리게 된 것이다. 이 새로운 가설은 스스로 생각하기에도 반신반의하지만, 만약 이를 믿지 않는다면 소위 카레 요리가 어째서 카레라고 불리게 되었는지는 앞으로도 계속 수수께끼일 것이다.

어원 탐색은 이쯤하고, 이번에는 이와 같은 카레, 즉 스파이스를 혼합하여 맛을 내는 조리법으로서의 카레가 인도에서 언제부터 어느 지방에서 관찰되기 시작했는지에 대해 알아보도록 하겠다.

먼저, 고대 '불교 경전'을 통해 석가가 깨달음을 얻어 부

우유죽(파야사)과 도사이(왼쪽)

처가 되기 전에 고행이 무의미함을 깨닫고 산에서 내려와
마을 처녀 수자타가 공양한 파야사를 먹은 유명한 이야기
가 전해 내려온다. 파야사는 '우유죽'이다. 지금도 인도 요
리에 동일한 명칭의 디저트가 있다. 쌀가루나 세몰리나를
면발 모양으로 만들어 짧게 자른 수지라는 것을 우유와 설

탕으로 끓인 것이 많은데, 수자타가 올린 파야사는 우유죽이었을 거로 추정된다. 오늘날 북인도에서는 쌀로 만드는 우유죽을 키르라고 부르는데, 식탁에도 자주 오른다. 불교 경전에는 파야사 외에 오다나라는 우유죽도 나오지만, 카레와 같은 요리에 관한 기술은 없다.

싯다르타가 살았던 시대는 기원전 5세기이고, 다음은 7세기 이야기니까 양자 사이에 1000년 이상의 시간적 간격이 있으나 중국에서 인도로 건너간 유명한 승려 삼장법사, 다른 이름으로 현장은 그의 저서 『대당서역기大唐西域記』에 이렇게 기록했다. 즉, 망고, 바나나, 타마린드 등 여러 종류의 과일과 푸성귀에 대하여 기술한 후 다음과 같이 적었다.

유락(요거트), 고수(기라고 불리는 녹인 버터), 설탕, 석밀(얼음설탕), 고추기름, 여러 가지 병초(밀가루 제품, 예를 들어 차파티 등)는 평소 밥상에 올리는 음식이다. ……생선, 양, 노루, 사슴은 가끔 토막 내어 권하지만, 소, 당나귀, 코끼리, 말, 돼지, 개, 여우, 늑대, 멧돼지, 원숭이 등 대체로 털이 난 생물은 대개 입에 대지 않는다. 입에 댄 자는 부정한 자로 여겨져 경멸과 혐오의 대상이 되며, 마을 밖에 살고, 사람

고대 국제 불교대학 날란다

이 사는 곳에 나오는 일이 드물다.

 마찬가지로 7세기에 현장보다 조금 늦게 『남해기귀내법전南海寄歸內法傳』의 저자 의정이 당시의 국제 불교대학 날란다 수도원을 찾았다. 학문밖에 몰랐던 현장과 달리 그는 다소 식도락을 즐기는 면모가 있었는지, 음식 종류에 관해 '북방에는 면(밀가루. 차파티와 같은 밀 제품)이 많고, 서방에는 초(보리미숫가루)가 많고, 마가다 왕국(갠지스강 중류 지역)에는 면이 적고 쌀이 많다. 남방과 동방도 마찬가지이다.

수유(기)와 유락(요거트)은 어디에나 있다'라고 썼고, 승려의 식사에 관해서는 '말린 멥쌀 밥과 함께 콩으로 만든 진한 국이 나오며, 여기에 뜨거운 수를 붓고, 여러 가지 조미를 추가하여 오른손으로 섞어 먹는다'고 기록했다.

의정의 기록 마지막 부분에서 다소 카레 요리 같은 분위기가 느껴지는 듯하다. '콩으로 만든 진한 국'이란 잘게 으깬 콩을 끓인 달일 것이고, '여러 가지 조미'라는 것도 일단은 양념과 절임음식의 일종인 처트니(제4장 참조)일 것으로 추정된다.

그보다 여기에서 주목해야 하는 것은 요거트(유락), 기(고수 또는 수유, 즉 녹인 버터) 등의 유제품에 대한 언급이다. 이것들을 의정은 어디에나 있다고 했고, 현장은 식사로 나오는 것들 가운데서 제일 먼저 언급했다.

아무래도 두 사람이 기록한 바가 석가의 우유죽의 세계와 크게 다르지 않은 듯하다. 티베트에서는 버터를 넣은 버터차를 즐겨 마신다. 또 유제품은 목축 세계와 깊은 관련이 있어서 북인도와 단단하게 연결되어 있다. 유제품과 함께 여기에서 북인도와 연결되는 것이 밀이다. 현장은 병초를 일상적인 식사 음식으로 들었고, 의정은 북방에 면이 많다고 서술했는데, 의정의 관찰은 정확했다. 아대륙 북서부는 밀 생산 지역이다.

　이처럼 유제품이 우위를 점하고 있는데, 그럼 카레의 향기는 어떠했을까? 이에 관한 기록이 불교 경전에 전혀 없는 것은 아니다. 5세기 무렵에 불교도가 집필한 스리랑카 역사서 『대사大史』에 이에 관한 기술이 있다. 이 책을 보면 북인도에서 섬으로 건너온 비자야 왕자와 그의 종자들이 '수파supa'와 함께 밥을 먹었다는 기록이 나오는데, 수파를 『대사』 일본어역에서는 '카레'로, 영어역에서는 '콘디멘츠condiments(양념)'로 번역하고 있다. 수파는 씨앗과 그 외 여러 가지를 쪼개거나 으깨서 만든 소스나 수프 등을 말한다. 참고로 영어의 수프soup와 독일어의 주페suppe는 산스크리트어 수파와 어원이 같은데, 이 '수파'에서 카레의 향기가 조금 나는 듯하다.

　시대를 쭉 내려와서 17세기 말 스리랑카에서 19년간 포로 생활을 한 영국인 녹스는 식사에 관하여 '완숙되기 전에 딴 이들의 맛있는 과실 대부분은 삶거나 데치며, 포르투갈어로는 커리라고 하는데, 이것은 즉 밥에 양념을 하고

사원 벽의 각문을 탁본하는 모습

그런 연후에 먹는 밥이다'라고 기술했다. 녹스와 『대사大史』는 연대적으로 10세기 이상의 시간 차가 나지만 양자에는 유사성이 있고, 스리랑카에서는 확실히 카레의 향기가 감돈다. 스리랑카는 반도인 남인도와 애덤스브리지라는 작은 열도로 연결되어 있는 섬이다. 그렇다면 남인도에서도 카레의 향기가 감돌까?

13세기 델리 왕조와 그 뒤를 이어서 16세기에 등장한 무굴제국 등의 이슬람 왕조의 지배를 직접적으로 받은 적이 없는 남인도(여러 드라비아어를 쓰는 빈디아산맥 이남 지역)에는 7~8세기경에 만들어진 힌두교 사원이 다수 남아 있다.

가네샤에게 공양을 올리는 모습의 조각상

    이 사원들은 커다란 사각형으로 자른 돌을 쌓아 올려 축조한 석조 사원으로, 사원의 벽면과 기단에는 수많은 각문이 남아 있다. 각문 대부분은 시바나 비슈누 등 해당 사원에서 모시는 신에게 토지나 양, 소, 금전 등의 재물을 누가 희사했는가에 관한 기록이며, 목적은 사원에서 매일 행하는 공양(신에게 올리는 갖가지 서비스), 축제, 건물 수리 비용 등에 할당하는 것이다.

목적을 더욱 상세하게 기록하는 경우도 많은데, 그중에는 신에게 올리는 식사와 관련하여 식사 내용과 조리법까지 기록한 예도 있다. 여기에서 소개할 것은 인도반도 남단 부근에 위치하는 암바사무드람 마을과 수브라마냐 사원에 남아 있는 것으로, 그 땅을 통치하는 판드야 왕이 마을 사람에게 거금을 맡기고 그 이자로 사원에서 매일 신에게 밥을 올리거나 등불을 올린 내용을 기록한 것인데, 여기에 신에게 올린 음식의 재료와 조리법이 상세하게 적혀 있다.

기록에는 먼저 그대로 올리는 음식으로 기(녹인 버터), 요거트, 바나나, 재거리(조당), 그 밖에 몇몇 요리가 기록되어 있다. 그중에서 야채(타밀어로 카리kari라고 표기되어 있는데, 여기에서는 틀림없이 '야채'라는 뜻이다) 요리에는 카이 카리(생야채), 풀린 카리(타마린드로 맛을 낸 야채), 푸류크 카리(삶은 야채), 포리 카리(볶은 야채)의 구분이 있고, 이들과의 상관관계를 잘 모르겠으나 쿠투라는 요리도 있는데 이는 타이르(요거트)와 카얌이라는 조미료로 만든다고 되어 있다.

위의 내용이 기록되어 있는 것은 암바사무드람 각문이고, 티루첸두르의 각문에는 카얌이라는 조미료의 성분이 적혀 있다. 그런데 이것이 바로 밀라구(후추), 만잘(강황), 지라가(커민), 시르 카두구(겨자), 코타말리(코리앤더)의 다섯 가지이다. 앞서 이야기한 바와 같이 일찍이 내가 인도 친구들에게 많은 스파이스 중에서 무엇이 카레에 꼭 들어가야 하는 제일 중요한 것이냐고 물었을 때 나왔던 대답도 후추, 강황, 커민, 겨자, 코리앤더의 다섯 가지였다.

9세기의 각문에 이 다섯 가지가 야채 요리의 조미료로 나왔다는 것은 남인도에서는 오늘날 카레의 원형이 당시에 이미 완성되어 있었음을 의미한다.

두 각문에 기록된 다른 요리에는 콩(녹두)을 재료로 하는 쿰마얌이라는 요리가 있는데, 이는 필시 오늘날의 달과 같은 요리일 것이다. 또 야채를 삶거나 볶을 때 기를 쓴다고도 기록되어 있다.

이상으로 미루어봤을 때 9세기 남인도에 카레가 존재했음이 확실하다. 시대를 내려와서 16세기의 타밀어 각문에는 신에게 공양하는 밥으로 요거트 밥을 올렸다는 기록이 있다. 각문에 이를 밥, 요거트, 기, 후추, 강황, 카다몬으로 만들었다고 적혀 있다. 이를 바탕으로 추측해봤을 때 요거트 밥은 신도 잠숫는 음식이니 일본 국회의원이 먹으려다가 포기한 마하발리푸람의 요거트 밥도 맛이 꽤 괜찮지 않았을까?

제6장에서 상세하게 기술하겠지만 남인도, 특히 아라비아해에 면한 케랄라주를 남북으로 가로지르는 서고츠산맥 기슭은 세계 유수의 후추 생산지이다. 카다몬도 많이 수확되고, 그 밖의 스파이스도 자생하거나 혹은 남동아시아에서 배로 들어온다. 각문이 남아 있는 암바사무드람과 티루첸두르는 케랄라주와 가까운데, 남인도, 특히 바로 이 케랄라는 카레 발상지가 되기에 충분한 조건을 갖춘 토지이다. 그리고 남인도에서 탄생한 카레 식문화가 북인도로, 이윽고 인도 아대륙 전체로 퍼져나간 것이다.

이와 같이 생각했을 때 그렇다면 반대로 북인도에서 탄생한 것은 무엇일까? 그것은 이미 말한 바와 같이 우유 식문화이다. 부처가 먹은 우유죽, 날란다 수도원에 체류한 현장과 의정이 기록한 고수(기)와 유락(요거트)은 모두 우유로 만든 식품이다. 우유 식문화는 스파이스 카레가 남에서 북으로 퍼져나간 것과 마찬가지로 방향은 반대지만 북에서 남으로 역사 과정에서 퍼져나갔다. 13세기 송대에 외국 풍습을 기록한 중국 서적 『제번지諸蕃志』에 남인도에 관하여 '사람들은 수(기), 낙(요거트), 반(밥), 콩(달), 채(야채)를 많이 먹고, 고기와 생선은 별로 먹지 않는다'고 기록되어 있다.

현장과 의정의 기록과 조금도 다르지 않다. 필시 이는 북인도에서 이주해온 채식을 엄수하는 브라만들에 대해 기록한 것이리라. 하지만 이는 이미 13세기에 우유 식문화가 남인도에도 확실하게 뿌리 내린 상태였음을 의미한다.

14세기의 유명한 탕헤르 출신 여행가 이븐 바투타는 중국으로 가던 도중에 인도를 들렀다가 케랄라주 북부 고아 지방 남쪽의 히나우르(현재의 호나와르인가?)의 무슬림 영주의 초대를 받는다. 그리고 그때 일을 다음과 같이 적었다.

동접시에 담긴 밥에는 기(녹인 버터)가 부어져 있었고, 후추와 푸른 생강과 레몬과 망고로 만든 피클이 곁들여 있었다. 밥을 조금 입에 넣고 피클을 소량 먹고, ……그다음에 또 밥과 치킨 요리가 나왔고, 그 후 이번에는 생선요리가 나왔는데 이것을 또 밥과 함께 먹었다. 그다음에 기와 유제품으로 조리한 야채 요리가 나왔고, 마지막으로 요거

무루쿠

트가 나왔다.

밥과 함께 피클, 닭, 생선, 야채를 먹고 마지막으로 요거
트를 먹었다는 말인데, 이는 현대 남인도의 논베지테리언
요리 풀코스이다. 수프와 카레 상황은 반대로 불명확하지
만, 갖가지 유제품이 등장하는 것을 통해 북인도의 우유
문화가 정착된 상태임을 확실하게 알 수 있다. 드라비다
언어학의 세계적인 권위자 크리슈나무르티 교수에 따르
면 인도 과자류 중에서 달콤하게 우유로 만든 것의 이름은
모두 북인도 아리아어에서 기원한다고 한다. 카레로 맛을

낸 콩가루를 길쭉하게 튀겨낸, 일본 과자로 치자면 센베이에 해당한다고 할 수 있는 무루쿠 등이 그것이다. 반면 맵거나 쌉쌀한 맛이 나는 것은 모두 남인도 드라비다어에서 유래한다고 한다.

인도 식문화는 이처럼 남인도에서 성립된 스파이스를 혼합하여 맛을 내는 '카레 문화'와, 우유를 기름·버터·요거트 등의 다양한 형태로 요리에 활용하는 북인도의 '우유 문화'가 오랜 역사 과정에서 적절하게 융합되어 구축된 것이다. 여기에서는 이 부분에 대하여 깊이 다룰 여유가 없으므로 관심 있는 독자는 나의 저서 『드라비다의 세계ドラヴィダの世界』(참고 문헌 참조)를 참고하길 바라는데, 간단하게 요약하자면 북인도의 아리아 문화와 남인도의 드라비다 문화가 융합되어가는 과정이었다고 하겠다.

그런데 인도 식문화의 대립적 요소로는 카레와 우유뿐 아니라, 앞서 설명한 바와 같이 밀과 쌀 중에서 무엇을 주식으로 먹는가, 또 사람들이 고기와 생선을 먹는가 그렇지 않은가, 즉 논베지테리언인가 베지테리언인가의 대립 등도 관찰된다.

대립은 카레와 우유, 혹은 밀과 쌀 같이 융합되는 경우도 있고, 순조롭게 융합되지 않는 경우도 있다. 간단하게 융합되지 않는 경우는 제3장에서 자세하게 살펴볼 베지테리언과 논베지테리언이다. 중간에 고기는 먹지 않지만 계란과 생선은 먹거나, 또는 계란도 삶은 계란과 계란 프라이는 먹지 않지만 케이크에 들어 있는 것은 상관하지 않는 등, 여러 가지 형태의 타협책이 있다. 다음으로는 융합되면서도 지역과 종교와 카스트 등에 따라서 각양각색으로 다른 현대 인도 요리, 즉 인도 식문화가 역사를 통해 어떻게 구축되었고 또 변화되어왔는가를 살펴보도록 하겠다.

바나나 잎에 담긴 밥을 손으로 먹는 모습

제3장 유학 생활과 카레
─마드라스대학원 기숙사의 식당밥

마리나 해변

　요즘은 방갈로르, 하이데라바드 등의 IT 도시 이름이 점
점 유명해지고 있지만, 남인도의 대도시라고 하면 역시 타
밀 지방의 중심도시 첸나이가 가장 유명하다. 영국 통치
시절부터 최근까지 '마드라스'라고 불렸으며, 봄베이(현 뭄
바이), 캘커타(현 콜카타)와 함께 영국이 인도를 통치할 때 가
장 중요시한 거점 중의 하나이다.

　그 도시에 있는 마드라스대학은 1856년에 창립되었으
며, 이미 말한 바와 같이 나는 1961년에 마드라스대학 고
대사·인도사학과 대학원에서 유학했다. 도시는 벵골만

대학원생 기숙사 　　　　 마드라스대학 역사학과

에 면해 있으며, 대학 앞에는 마리나 해변의 넓은 백사장
이 펼쳐져 있다. 내가 일 년간 지낸 대학원생 기숙사는 그
앞을 남북으로 달리는 비치 로드에 면해 있어서 내 방에서
창문을 열면 눈앞으로 넓고 푸른 벵골만의 바다가 펼쳐졌
다.

　식사는 오로지 기숙사 식당에서 했다. 재미있었던 게
그 식당은 자리가 반으로 나누어져 있었다. 한쪽은 채식
을 하는 베지테리언석이고, 다른 한쪽은 육식을 하는 논베
지테리언석이었다. 나는 고기도 먹고 싶었기 때문에, 그

래봤자 인도에서는 보통 소고기와 돼지고기를 먹지 않으니 나오는 것이라고는 오로지 머튼(양고기) 또는 닭고기였지만, 나는 언제나 논베지테리언석에 앉았다. 내 경우에는 옮기려고 하면 베지테리언석으로 옮길 수도 있었지만, 인도인 기숙사생은 이 사람은 베지테리언이고 저 사람은 논베지테리언이라는 식으로 사람마다 정해져 있어서, 오늘은 육식을 하겠다고 이쪽 자리에 앉고 내일은 채식을 하겠다고 저쪽 자리에 앉지 않았다.

인도에서는, 아니, 인도에서도 오로지 힌두교도에 한정된 이야기지만, 일체의 모든 것에 대한 '부정不淨'의 관념이 강하게 존재하고, 사람들은 부정해지는 것을 몹시 두려워한다. 부정의 원천은 죽음이나 피나 배설물인데, 이는 전 세계 고대 사회에서 공통으로 관찰되는 생사관 또는 생활 관념에서 유래한다. 일반적으로 근대 사회에서는 이러한 관념이 옅어져 그다지 큰 의미를 지니지 않지만, 인도의 경우에는 그것이 카스트 제도와 연결되어 강력한 형태로 존속한다. 인간의 사체나 배설물을 처리하거나 동물을 죽이는 카스트의 사람을 불결하게 생각하고, 그러한 사람들에 대한 멸시와 연결되어 현재까지도 남아 있기 때문이다.

이와 같은 불결한 사람들(카스트)은 만지면 만진 사람까지 부정해진다는 뜻으로 '불가촉민untouchable'이라 부르며 여태까지 전통 사회에서 차별의 대상으로 삼았다. 그리고 죽음과 피를 피할 수 없는 육식은 당연히 부정한 행위이고, 육식하는 사람 또한 부정한 사람이므로 멸시하고 피해야 할 존재로 여긴다.

이것이 마드라스대학 대학원생 기숙사 식당이 베지테리언 자리와 논베지테리언 자리로 나누어져 있던 이유이다. 마을 레스토랑의 상황은 어떨까? 오늘날에는 베지테리언과 논베지테리언을 좌석이나 방을 나누고 양쪽 사람을 위한 요리를 모두 판매하는 레스토랑도 있지만, 내가 유학했던 시절에는 베지테리언 식당과 논베지테리언 식당이 명확하게 구분되어 있었다. 단, 당연히 논베지테리언 식당에서는 채식 요리도 판매한다. 중요한 포인트는 베지테리언 식당에서는 육식을 할 수 없다는 것이다. 그리고 얼마 전까지만 해도 베지테리언 식당은 종종 브라민 식당(브라만 식당)이라고 불렸다.

이에 대해 설명하기 위해서는 잠시 카스트 제도에 대

해 해설할 필요가 있다. 이래나 저래나 인도 식생활과 식문화를 이해하기 위해서는 카스트에 대한 지식이 필요하기 때문이다. 카스트caste라는 말은 카스타casta라는 포르투갈어에서 왔으며, 종족이나 혈족이라는 뜻이다. 고아에 있던 포르투갈인이 인도 사회(주로 힌두교 사회)에서 관찰되는 여러 사회 집단을 지칭하는 데 사용했다. 카레라는 말이 포르투갈어에서 영어로 유입된 것처럼, 포르투갈어 카스타도 영어로 유입되어 카스트가 된다.

포르투갈인이 이해한 방식에서는 혼란도 관찰되지만, 그들이 이 말로 표현하고자 한 것은 인도 고대의 신분제도로, 사제인 브라만, 왕족과 군인인 크샤트리아, 상인인 바이샤, 예속민(후에 농민을 의미하게 된다)인 수드라의 네 계급(바르나)으로 이루어진 신분의 차이였다.

그리고 중세가 되면 이 네 개의 바르나 안에 더욱 세밀한 직업과 지역 차이에 따라서 자티라는 여러 집단이 생겨난다. 수드라 안에는 목수와 대장장이 등을 포함하는 직업군과, 이발사와 하인 등을 포함하는 서비스업으로 이루어진 여러 개의 자티 집단이 생겨났다. 포르투갈인이 고아에 왔을 때는 이미 이와 같은 자티 집단이 형성된 후였는데, 포르투갈인은 바르나와 자티 집단을 구분하지 못하고 둘 다 카스트라고 불렀다. 그들에 따르면 카스트는 동일 직업에 종사하는 사람들로 구성되며, 카스트가 다르면 결혼할 수 없고, 카스트 사이에는 어느 쪽이 위네 아래네 하는 상하 구분이 있다고 한다. 나아가 카스트가 다른 사람끼리는 같이 식사하지 않는다고도 기술되어 있다.

다른 카스트(카스타) 사람이 함께 식사하지 않는다는 것은 앞서 언급한 부정의 관념에 근거하며, 이것이 카스트의 상하와 관련된다. 즉 가장 부정하다고 생각되는 카스트(오물을 처리하는 청소부 카스트)가 카스트 서열의 최하위에 위치하고, 가장 부정을 타지 않았다고 여겨지는 카스트(사제로서 신을 모시고, 육식 등의 부정된 풍습을 갖고 있지 않은 브라만 카스트)가 최상위에 위치한다. 바르나 제도는 고대에 브라만에 의해 만들어진 것으로 추정되며, 브라만은 그 후 오랫동안 역사 속에서 카스트의 최상위에 위치하는 자로서 힌두사회에 군림했다.

여기에서 재미있는 것은 앞서 언급한 '브라만 식당'이다. 이는 브라만을 위한 식당이 아니라 브라만이 경영하

바나나 잎을 파는 가게

바나나 가게

고 요리하는 식당이라는 뜻인데, 그것이 글자 그대로 식당의 간판이 된 것은 어째서일까? 부정이 사람과 사람의 접촉에 의해서 뿐 아니라 식사와 음식물에 의해서도 옮겨지기 때문이다.

그래서 인도 사람(힌두교도)은 식기에도 민감하다. 낮은 사람이 만진 식기의 부정이 자신에게 옮지 않도록 전통적으로 도자기와 같은 경질 밥그릇이나 접시, 젓가락 등을 사용하지 않고, 밥을 나뭇잎(남인도에서는 바나나잎)에 담아서 손으로 먹는다. 식사가 끝나면 나뭇잎은 버리고, '질그릇'에 차를 따라 마신 경우에는 이를 땅바닥에 내동댕이쳐 깨

트러 버린다.

이런 연유로 요리를 누가 만들었는가는 아주 중요한 문제이다. 낮은 카스트의 부정한 사람이 만든 음식을 먹으면 높은 카스트 사람이 부정을 탄다. 높은 카스트라고 해도 생리 중인 여성이 만들면 피의 부정에 의해서 부정을 탄다. 그렇다는 것은 최고위 카스트 남성이 요리하면 아무도 부정을 타지 않는다는 말이 되므로, 그런 의미에서 최고의 요리사는 브라만 남성이라고 할 수 있다. 요리 '실력'이 아니라 '브라만 식당'이란 그 누구에게도 부정을 옮기지 않는 브라만이 조리했음을 의미한다. 즉 '안전한 식당'이라는 간판인 것이다.

이 시점에서 베지테리언 문제와 관련된 흥미로운 사건 하나를 소개하겠다. 인도에서는 소를 시바 신이 타고 다닌다 하여 가장 신성한 동물로 여긴다. 따라서 소고기가 경건한 힌두교도의 식탁에 오를 일은 거의 없다.

그런 인도에서 1998년에 인도인민당BJP이라는 힌두지상주의 정당이 선거에서 승리하여 2004년까지 정권을 잡았다. 이 정당의 모체인 종교 단체(VHP와 RSS)는 힌두교적 가치관을 절대시하기 때문에 그리스도교와 이슬람교와 대립했고, 1992년에는 북인도의 고도 아요디아에서 이슬람교 모스크를 파괴하는 등의 큰 사건을 일으키기도 했다. 당연히 힌두교도가 신성하게 여기는 소를 죽이고 먹는 행위에 대해서도 절대적으로 반대하는 입장을 취했다.

그런데 나하고 무척 친한 델리대학의 D. N. 자 교수가, 이슬람교도가 도래하기 훨씬 전부터 인도에서는 일반인은 물론이고 브라만도 소고기를 먹었다는 내용의 책을 출간하려고 했다가 2001년에 한바탕 난리가 났었다.

교수는 인도 고대사 전문이고, 그 책은 많은 확실한 사료에 근거하여 집필한 학술적 가치가 높은 책이었음에도 불구하고, 교수는 BJP 지지자들로부터 힌두교도와 자이나교도, 불교도의 마음에 상처를 주었다(자이나교도·불교도는 불상생의 입장에서 육식에 반대한다)며 규탄받았고, 책은 놀랍게도 하이데라바드의 고등재판소에서 발매 금지 처분을 받았다. 교수를 암살할 거라는 등 체포할 거라는 등의 소문이 돌아 교수는 신변의 위협을 느꼈다. 책은 이듬해 런던에서 출판되었고, 2004년에 BJP가 정권에서 물러난 뒤에야 교수의 생활은 평온을 되찾았다. 그 후 교수는 델리대학을 정년퇴직했지만, 2008년에 델리에서 뵈었을 때도 건강했고, 2009년에는 그 책이 인도에서도 출판되었다. 이 사건은 소를 둘러싼 논란이었지만, 베지테리언과 논베지테리언 문제는 인도에서 현재 진행 중인 중대한 문제이다.

D. N. 자 교수의 책

그런데 기숙사에서 식사하기 시작하면서 처음으로 먹게 된 인도 요리는 결코 맛있지 않았다. 그래도 계속 먹다 보면 익숙해지겠지 싶어서 매일 부지런히 기숙사 밥을 먹었다. 조식으로는 쌀로 만든 찐빵인 이들리나 크레이프 모양으로 구워낸 도사이 등이 나왔다.

여기에서 잠시 이들리와 도사이에 대하여 설명하고 넘어가겠다.

이들리는 남인도의 대표적인 조식 메뉴이다. 하룻밤 동안 물에 불린 쌀과 거칠게 쪼개져 있는 우르드 콩(블랙 그램 또는 빙나 문고. 으깨면 점액이 다소 나온다)을 절구로 갈아서 으깬

이들리

다음, 한 번 더 반나절 동안 발효시켜 쪄낸다. 요리책에 나와 있는 이들리 레시피는 어레인지된 것이 많고, 기본에 충실한 것은 찾아보기 힘든데, 여기에는 비블라 파틸 씨의 레시피를 게재했다.

　그런데 일본에서 만들려면 이게 영 쉽지 않다. 갈아서 으깨기 위해 푸드 프로세서를, 발효시키기 위해 요거트 메이커 등을 동원하여 시도해보는 것도 좋지만, 오늘날에는 인스턴트 이들리 파우더를 판매하므로 이를 이용하는 것이 무난할 듯하다. 에스닉 푸드 전문점에서도 판매하지만, 웹사이트에서 찾는 게 손쉽다. 간식용을 비롯하여 종류도 다양하고 재료와 맛도 천차만별이지만, 봉지에 쓰여 있는 순서대로 조리하면 꽤 맛있게 만들어진다. 원래는 팥빵처럼 동글납작하게 만들지만, 머핀 틀이나 컵케이크 틀을 이용해도 좋다.

도사이는 남인도에서 마찬가지로 조식으로 많이 먹는 주식이다. 최근에는 북인도의 레스토랑에서도 인기 있는 스낵 메뉴로 자리매김 중이다. 이들리랑 거의 비슷하게 만드는데 도우를 더 묽게 해서 크레이프 모양으로 구워낸다.

가정에서는 프라이팬으로 구울 수 있는 작은 접시 크기의 도사이를 반으로 접어서 식탁에 내는 것이 보통이지만, 레스토랑에서는 반지름이 40센티미터나 되는 커다란 도사이를 둘둘 말아서 내는 경우도 많다. 개중에는 반지름이 70~80센티미터에 달하는 거대한 도사이를 뉴스 페이퍼 도사이라는 이름으로 판매하는 가게도 있다. 촉촉함과 바삭함이 공존하며, 처트니나 삼바르와 함께 먹는 것이 보통이다. 인도 음식을 잘 못 먹어도 도사이는 먹는 사람이 많다.

일단은 레시피를 게재했지만, 일본 기후에서는 이들리와 마찬가지로 발효 과정을 조절하기 어렵고, 마찬가지

이들리(출처 : 비블라 파틸의 책)

재료 ————
쌀 3컵, 우르드 달 1과 1/4 컵, 소금, 기름 적당량.

만드는 법 ————
1 쌀과 달을 각각 따로 물에 담가서 6시간 동안 불린다.
2 쌀은 조금 거칠게, 달은 부드러워질 때까지 갈아서 으깬다.
3 쌀과 달을 잘 섞고 소금을 뿌린 후 하룻밤 동안 발효시킨다.
4 다음날 케이크 틀에 기름을 바르고 도우를 부은 다음, 찜통에 넣고 약 10~15분 동안 찐다.
5 따끈한 이들리를 삼바르(제4장 참고)나 처트니(제4장 참고)와 함께 식탁에 낸다.

달이란 거칠게 갈거나 쪼개 놓은 콩을 말한다.

도사이 (출처 : 비플라 파틸의 책)

재료 ———
쌀 300g, 우르드 달 100g, 소금, 샐러드유 적당량.

만드는 법 ———

1 쌀과 달을 각각 따로 물에 담가서 6시간 동안 불린다.
2 쌀은 조금 거칠게, 달은 부드러워질 때까지 갈아서 으깬다.
3 쌀과 달을 잘 섞고 소금을 뿌린 후 하룻밤 동안 발효시킨다.
4 다음날, 도우가 묽어지도록 물로 조절하고 잘 섞는다.
5 두꺼운 프라이팬을 중불에 올리고 샐러드유를 골고루 칠한다.
6 (국자 1스푼 분량의) 도우를 프라이팬 중앙에 붓고, 얇고 둥글게 원을 그리듯이 펴준다. 크레이프를 굽는 요령으로 양면을 가볍게 굽는다.
7 둘둘 말아서 따뜻할 때 삼바르나 처트니와 함께 식탁에 낸다.

로 요즘에는 인스턴트 도사이 파우더도 판매하므로 그것
을 이용하는 것이 무난하다. 또 감자와 완두콩 카레 볶음
을 안에 넣고 둘둘 만 것은 마살라 도사이라고 하는데, 마
을 레스토랑의 인기 메뉴이다. 에그 도사이, 어니언 도사
이 등의 베리에이션도 있다.

여기에서 추가적으로 기숙사 식당에서 자주 나왔던 달
(달 수프라고도 한다)을 소개하고 싶다. 달은 남인도에서뿐 아
니라 인도 전역에서 반찬으로 거의 매일 식탁에 오르는 음
식이다. 달은 껍질을 벗긴 후 알갱이를 잘게 쪼개 놓은 콩
의 총칭이기도 한데, 요리 이름으로서 달이라고 할 때는
투르(피전피의 한 품종) 달 또는 뭉(녹두) 달로 만든 음식을 가
리키는 경우가 많다. 콩 특유의 혀에 닿는 거슬거슬한 촉
감이 신경에 거슬리지만, 익숙해지면 달이야말로 인도 요
리의 기본이라는 것을 알게 될 것이다. 참고로 인도에서
식재료로 쓰는 콩은 무려 40종에 이른다.

기숙사 이야기로 돌아와서, 기숙사 식당 밥을 부지런히
먹은 지 3개월쯤이 됐을 무렵, 무슨 이유에서인지 갑자기

달(출처 : 베검 아크타르의 책)

재료
투르 달 200g, 토마토 200g, 소금 3/4작은술, 터메릭 1/2
작은술, 청고추 4개, 고수 1줄기, 머스터드 씨 1/2작은술,
커민 씨 1/2작은술, 홍고추 2개, 아위 1/2작은술, 샐러드
유 1큰술, 커리 잎 몇 장, 코리앤더 잎(고수) 조금.

만드는 법
1 달에 물 3컵을 붓고 반쯤 익을 때까지 약 15분가량 끓여
  둔다.
2 토마토는 껍질을 벗기고 큼직하게 썰어 둔다.
3 두꺼운 냄비를 중불에 올리고 샐러드유를 두른 다음,
  머스터드 씨, 커민 씨, 홍고추, 커리 잎, 아위를 볶는다.
4 머스터드 씨가 터지기 시작하면 토마토, 터메릭, 청고
  추를 추가하고 토마토가 흐물흐물해질 때까지 볶다가 1
  의 달과 소금을 넣고 약 10분간 끓인다.
5 코리앤더 잎을 뿌리고 따뜻할 때 삼바르(제4장 참조), 처
  트니(제4장 참조)와 함께 식탁에 낸다

요리 달   식재료 달

인도식이 확 싫어져 버렸다. 무리하게 먹은 데 대한 반동 때문인지, 기숙사 식당 음식이 인도인 학생도 "맛없어!"라며 불평할 정도였기 때문인지, 위가 완전히 거부 반응을 일으켰다. 그때부터 나는 종종 외식을 하기 시작했다. 마을에는 일단 서양 요리를 먹을 수 있는 식당이 있었고, 마운트 로드(현 안나 살라이)에는 화교가 경영하는 중경이라는 중국집도 하나 있었다. 인도 요리 레스토랑에도 가봤지만, 이 시절에 맛있는 인도 요리를 만난 기억은 전혀 없다.

전환점이 찾아온 것은 이 년째 되던 해였다. 마드라스 대학에서 일 년간 살았는데, 각문을 사료로 하는 중세사를 연구하기 위해서는 전국에서 모은 각문 사료를 해독·편찬하는 인도 정부의 각문사료편찬소 쪽으로 가는 게 더 적합하겠다고 판단한 나는 이 년째 되던 해에 편찬소가 있는 닐기리 산중의 피서지 우다가만달람으로 거주지를 옮겼다.

그 마을은 마드라스와 마찬가지로 타밀나두주에 속하나, 케랄라주를 가로지르는 서고츠산맥의 해발 2400미터 고지에 위치하는, 영국인이 피서지로서 개발한 마을이었다.

우다가만달람 마을

그곳에서 나는 어떤 이유에서인지 YWCA의 일실에 체류하게 되었다. 그곳을 관리한 사람은 아일랜드 출신의 친절한 노부인 패로트 씨였다. 식사는 기본적으로 인도식이었지만, 수프 접시에 수프가 나왔고 빵이 곁들여져 나오는 등, 기숙하고는 분위기가 전혀 달랐다. 피서지라서 체류객이 많았지만, 간혹 아무도 없는 날이면 패로트 씨는 "가라(날 그렇게 불렀다)! 오늘은 아무도 없으니까 텅 스튜를 만들어 먹을까?"라며 무슬림 쉐프에게 요구하여 인도에서는 일반적으로 쉽사리 볼 수 없는 소고기 혓바닥 스튜를 만들어 주었다.

나는 이곳 우다가만달람의 각문편찬소에서 이 년간 공부하고 일본으로 돌아왔다. 그런 연유로 첫 번째 유학 삼 년간은 인도 식사에 재미 붙일 기회도 갖지 못하고 인도 요리와 깊은 교제도 하지 못한 채 끝나버렸다. 내가 인도 식사에 흥미와 관심을 갖게 된 것은 가족과 함께 삼 년을 보낸 두 번째 장기 체류 때였다. 이에 대해서는 장을 바꾸어서 이야기하도록 하겠다.

우리 집 카레. 오른쪽 위는 호박·토란·오크라 사브지, 오른쪽 가운데는 가지 카레, 오른쪽 아래는 삼바르. 왼쪽 위는 요거트, 왼쪽 가운데는 토마토 라삼, 왼쪽 아래는 치킨 코르마.

제4장 카레를 좋아하게 되다
―마이소르에서 가족과 함께 체재

마이소르의 거리 풍경

    내가 두 번째로 인도에 장기 체류한 시기는 1969년부터 1971년까지였다. 이때도 처음 일 년간은 마드라스에서 지내며 마드라스대학에서 공부했다. 지난번 유학 생활과의 차이점은 그 사이에 결혼을 했고, 생후 9개월 된 장남을 데리고 갔다는 점이었다. 더운 마드라스에서 생활하기란 여간 힘든 게 아니었다.

    하지만 이 년째 되던 해에 마이소르로 거주지를 옮기면서 생활이 확 바뀌었다. 실은 첫 유학 때 우다가만달람

저자가 살았던 마이소르의 집

에 있던 각문사료편찬소가 어떤 사정으로 닐기리 산기슭에 위치하는 마이소르로 이전해갔다. 산기슭이라지만, 이곳은 데칸고원 남부에 해당하고 해발고도가 800미터 정도되어서 사실 기후도 좋고, 과거에 마이소르 왕국의 수도였던 차분한 분위기가 감도는 성시城市이고, 대학도 있다. 그 밖에 인도 정부의 식료기술연구소CFTRI 등의 연구 기관도 있었는데, 우리가 살았던 집 근처에 그 연구소의 직원과 대학교수 등이 많이 거주하여 이웃과 즐거운 교제가 시작되었다.

마이소르로 이사하고 우리 집에 차남이 태어났고, 이 년

차에는 일본에서 당시 70세 가까이 됐던 우리 어머니도 건너와 함께 살기 시작하면서 이웃과의 교제가 더욱 활기를 띠게 되었다. 이와 같이 인도 사람들과 깊이 교제하게 되자, 종종 그들 집에 초대되어 음식을 대접받는 일도 생겼고, 아내도 그들에게 배워 인도 요리를 만들어 보기 시작했다. 그 과정에서 나는 처음으로 맛있는 인도 요리와 만났다.

인도인 기숙생이 푸념한 바와 같이 기숙사 식당 요리에서는 맛없다는 인상밖에 못 받았지만, 가정에서 먹는 인도 요리에는 정말로 맛있는 게 많았다.

물론 어떤 가정이냐 어떤 요리냐에 따라서는 너무 맵거나 도저히 입맛에 안 맞는 음식도 없었던 것은 아니지만, 인도 가정 요리는 대체로 맛있었다. 맛있었던 것은 물론이고, 우리에게 행운이었던 것은 인도 정부 연구소 등의 경우에는 직원이 인도 각지에서 오기 때문에 여러 가지 지방의 요리를 만날 수 있었던 것이다.

우리의 이쪽 옆집에는 벵골 지방에서 온 마줌다르 씨네 일가가 살았고. 저쪽 옆집에는 남인도 동해안의 안드라 지방에서 온 크리슈나 무르티 씨네 일가가 살았다. 안드라 지방 요리는 매운 것으로 유명한데, 확실히 우리한테는 좀 많이 매웠다. 하지만 벵골 요리는 우리 입맛에 잘 맞았고, 마줌다르 씨 가족은 해산물도 먹었는데 부인이 만드는 새우 카레 등은 그야말로 일품이었다. 다른 일가 중에서는, 마이소르도 속하는 카르나타카 지방 출신의 스리칸타이야 부인이 만드는 도사이가 일품이어서 우리가 그 부인을 '도사이 부인'이라고 불렀을 정도였다.

벵골 요리는 제8장에서 상세하게 다루므로, 여기에서는 타밀 지방을 중심으로 남인도에서 일반적으로 먹는 삼바르와 라삼에 대하여 설명하겠다.

삼바르는 남인도에서 가장 일반적인 먹는 콩 요리이다. 『타밀어대사전』은 삼바르sambar가 마라티어 sambhar에서 유래한다며 sambhar의 형태로 표기하고 있고, 마트에서 판매하는 파우더 상품명도 sambhar이다. 요리 자체가 마라타 지방(서인도)에서 유래했는지 아닌지는 알 수 없으나, 타밀어로서의 용례는 16세기 사원의 희사 각문에서 관찰되는 것으로 미루어 신에게 올리는 요리 중의 하나였던 것으로 보인다. 어쨌든 콩은 베지테리언에게 중요

삼바르(출처 : 숨바라얄루 부인의 레시피)

재료 ———

투르 달 1/2컵, 양파 1/2개, 마늘 1쪽, 생강 엄지손톱만큼,
순무 큰 것 2개, 중간 크기의 토마토 1개, 코리앤더 잎(고
수) 약간, 삼바르 파우더 2작은술, 타마린드 페이스트 1/2
작은술, 샐러드유 적당량, 소금 적당량.

만드는 법 ———

1 물 3컵을 붓고 달이 부드러워질 때까지 보글보글 끓인다.
2 순무는 약 1cm 두께로 잘라 둔다.
3 두꺼운 냄비에 샐러드유를 두르고 슬라이스한 양파, 다
　 진 마늘, 다진 생강을 투명해질 때까지 볶는다.
4 2를 추가하고 볶는다.
5 1의 달을 국물째 붓고, 다진 토마토, 삼바르 파우더, 타
　 마린드, 소금을 넣고 야채가 부드러워질 때까지 보글보
　 글 끓인다.
6 전체적으로 건더기가 넉넉한 포타주풍 수프 상태가 되
　 었으면 완성!
7 코리앤더 잎을 뿌린 다음, 식탁에 낸다.

야채는 무, 가지, 감자 등 뭐든 좋지만, 건더기로서 양파만
넣은 어니언 삼바르가 가장 대중적인 것 같다.

한 단백질원이고, 논베지테리언도 돈이 많이 드는 육식을 매일 하지는 않으므로, 달과 마찬가지로 어느 가정에서나 삼바르가 거의 매일 식탁에 오른다. 처음 먹는 사람에게는 다소 친숙하지 않은 맛일 수 있으나, 토마토 양을 늘리거나 신맛을 다소 강하게 양념하는 것이 요령이고, 밥하고 잘 어울려서 익숙해지면 꽤 중독된다.

  오늘날에는 삼바르 파우더를 인도 어디에서나 판매한다. 후추, 칠리, 터메릭, 코리앤더, 커민, 머스타드 등의 주요 스파이스에 아위(팔각 뿌리에서 채취한 수지 덩어리를 부순 것)가 들어 있다. 이 파우더는 달과 함께 사용하는 경우가 많은데, 좌우간 가스 때문에 고민되기 십상인 콩 요리에는 이 유황분이 효과적이라고 한다. 그대로는 그저 고약하다고밖에는 말할 수 없는 냄새가 나지만, 귀이개로 한 스푼 분량을 넣으면 그야말로 맛과 향이 모두 좋아지는 신비로운 향신료이다. 타마린드는 거목이 되는 콩인데, 껍질째 보관하면 새콤달콤한 좋은 맛이 난다. 이것을 적당량 물에 담가 액체를 짜내서 사용한다. 요즘에는 이것도 페이스트 상태로 병에 담아서 판매한다.

타마린드 거목

　조합 방식은 가정에 따라서 다양한데, 요즘 젊은 주부는 삼바르 파우더를 기본으로 삼고 여기에 취향에 맞는 스파이스를 추가하여 요리하는 듯하다.

　삼바르와 함께 식사 마지막에 숭늉을 먹는 느낌으로 먹는(마신다고 할 수도 있다) 것이 라삼이다. 마찬가지로 투르 달을 베이스로 하는데, 라삼은 아주 묽어서 말하자면 콩소메풍 수프라고 할 수 있다. 라삼 파우더에는 칠리, 터메릭, 커민, 코리앤더 그리고 후추가 듬뿍 들어 있다. 우리한테

콩깍지에 든 타마린드(위)와 보관 중인 타마린드(아래)

라삼(출처 : 숩바라얄루 부인의 레시피)

재료

투르 달 1큰술, 양파 1/2개, 마늘 2쪽, 생강 엄지손톱만큼,
중간 크기의 토마토 1개, 라삼 파우더 2작은술, 타마린드
페이스트 1/2작은술 또는 레몬즙 1큰술, 코리앤더 잎(고수)
약간, 샐러드유 적당량, 소금 적당량.

만드는 법

1 물을 넉넉히 붓고 달이 부드러워질 때까지 끓여 둔다.
2 두꺼운 냄비에 샐러드유를 두르고, 냄비가 뜨거워지면
　슬라이스한 양파와 다진 마늘, 다진 생강을 넣고 갈색
　이 될 때까지 볶는다.
3 다진 토마토를 넣고 흐물흐물해질 때까지 볶는다.
4 달과 국물이 3~4컵이 되도록 물의 양을 조절하면서 라
　삼 파우더, 소금 적당량, 타마린드 또는 레몬즙을 넣고
　부드러워질 때까지 끓인다.
5 취향에 따라서 아위를 아주 소량(강한 스파이스이므로 귀이개
　로 1술 정도) 추가하면 더욱 인도스러운 풍미가 감돈다.
6 코리앤더 잎을 뿌리면 완성된다.

는 다소 매운 편인데, 토마토를 듬뿍 넣거나(토마토 라삼이라고도 한다), 타마린드를 레몬즙으로 대체하면 아주 먹기 편해진다. 일반적으로는 마늘 맛이 상당히 강한 것이 특징이며, 컵에 담아서 수프처럼 마셔도 좋고 밥에 부어 먹어도 맛있다. 참고로 인도에서 자란 우리 집 아들들은 지금도 라삼을 가장 좋아한다.

라삼 파우더에 후추가 잔뜩 들어 있는 것을 통해서도 추측이 되겠지만, 라삼은 타밀어로 '후추 주스' 또는 '후추물'이라는 뜻이다. 원래는 산스크리트어(라사)로 '주스'라는 뜻이었는데, 타밀어로 유입되면서 밀라구(후추)와 결합하여 일차적으로 '후추 주스'를 뜻하는 '밀라구 라삼'이 된다. 하지만 나중에 어떤 이유에서인지 밀라구는 탈락하고 라삼만으로 '후추 주스'를 뜻하게 되었다. 한편 타밀어에는 후추물을 뜻하는 밀라구 탄니르라는 말도 있는데(탄니르가 물), 이 단어는 영어에 유입된 후 변형되어 멀리거토니라는 인도풍 매운 수프가 되었다.

멀리거토니는 인도 레스토랑뿐 아니라 유럽에서도 시민권을 얻은 수프이다. 하지만 과거에는 영국인을 한탄하

현재까지 남아 있는 방갈로르 감옥

게 만들었던 수프였다. 이는 멀리거토니가 영국인 입맛에 맞게 변형되기 전, '후추물'이었을 때 일이지만, 이런 이야 기가 전해 내려온다.

18세기 후반에 영국은 하이다르 알리와 티푸 술탄이라 는 무슬림 부자가 거느리는 마이소르 왕국과 네 번에 걸쳐 서 전쟁을 했다. 최종적으로 티푸 술탄이 수도를 함락당 함으로써 왕국은 영국의 번왕국이 되었는데, 전쟁 초기에 알리의 군대에 붙잡혀 방갈로르의 감옥에 갇혔던 영국 병사 한 명이 있었다. 그는 그곳에서 포로 생활을 한탄하며 시를 읊었다.

나에게 닥친 불행을 한탄한들 무슨 소용이 있으랴. 오늘도 후추물 또는 죽, 방갈로르 감옥에서…….

이 후추물이 나중에 멀리거토니 수프라는 이름으로 런던 호텔에서 판매되리라고는 그 영국 병사도 틀림없이 상상조차 못 했을 것이다.

다음으로는 여러 인도 요리에서 빼놓을 수 없는 조연, 처트니와 아차르에 대하여 살펴보겠다. 처트니는 힌디어로 '핥다'라는 뜻의 '차트나'라는 말에서 왔는데, 과일과 야채에 향신료를 넣고 가공한 것으로, 된장이나 양념에 해당한다고 하겠다. 깎은 코코넛에 코리앤더 잎 또는 민트를 섞고, 소금, 스파이스 약간, 레몬으로 산뜻하게 맛을 내는 코코넛 처트니는 옅은 녹색을 띠는데 살짝 세련된 티타임의 필수품이다.

처트니와 달리 아차르는 보존 가능한 피클 상태의 식품

처트니

이다. 망고와 라임, 생강 등을 생으로 한 번 소금에 절인 다음에 충분한 양의 고추와 오일로 절이는 타입이 많다. 옆집에는 덜 익은 파란 망고가 산더미처럼 절여져 있었다. 참고로 우리 집 식구들은 고추 잎인 곤구라 잎을 좋아해서 병조림을 늘 상비해 두었다. 원래 아차르라는 말의 어원은 페르시아어인데, 포르투갈인과 네덜란드인에 의해 인도에서 일본으로 유입되어 매콤 새콤한 아챠라(무와 순무로 만드는 일본의 절임 음식-역주)가 되었다고 한다.

그럼 다음으로 북인도 요리와 자이나교도의 식사에 대해서도 설명하도록 하겠다.

나는 2008년 12월에 델리에 있는 로밀라 타파르 교수님 댁을 방문했다. 교수님은 델리에 있는 자와할랄네루대학교를 그만둔 지 오래되었지만, 유럽과 미국 대학에서도 강의하고 인문과학 분야의 노벨상이라 부르는 클루게상도 수상한 세계적으로 고명한 역사학자이다. 내가 과거에 교수님의 저서 『인도사A History of India』를 번역한 것을 계기로 친분이 생겨 델리를 지날 때면 매번 찾아뵈었는데, 이날은 고향인 펀자브의 요리를 대접해주셨다. 단, 내가 갑작스럽게 방문한 탓에 치킨 코르마와 함께 나온 '팔락 카사그'에는 원래 넣으려던 '겨자 잎'을 시장에서 구하지 못해 시금치로 대체했다.

펀자브 출신이자 나도 잘 알고 있는 실력이 아주 출중한 요리사가 이 년 전에 사망하여 주방에는 네팔 출신 여성이 있었다. 교수가 그녀에게 펀자브 요리를 가르쳐 요즘은 실력이 부쩍 늘었다고 한다. 함께 방문한 사진가 오무라 쓰구사토 씨가 요리 사진을 찍었다. 사진은 그야말로 쉽게 볼 수 없는, 주방에 서 있는 타파르 교수님의 모습이다.

펀자브Punjab 지방은 오늘날에는 거의 파키스탄 영토인데, 지명은 그곳의 평야를 흐르는 인더스강과 지류로 이

주방에 서 있는 타파르 교수(왼쪽)와 요리사 푸스파 씨(오른쪽)

루어진 다섯 개punj의 물ab에서 유래한다. 북부는 갠지스·야무나강이 함께 흐르는 인도의 중앙 평야와 접하여 델리와도 가깝고, 그곳 요리는 지방의 토착성과 제5장에서 소개할 무굴 요리의 두 가지 맛을 모두 잇고 있다.

그중의 하나인 코르마는 고기와 생선에 요거트와 스파이스를 넣고 졸이는 부드러운 맛의 요리이다. 타파르 교수님 댁의 치킨 코르마하고는 다소 양념 방식이 다르지만, 여기에서는 지극히 일반적인 북인도풍 치킨 코르마 레시피와, 교수님 댁에서 디저트로 나왔던 가자르 할와의 일반적인 레시피를 게재했다. 가자르 할와는 인도 어디에서나 나오는 디저트 중의 하나인데, 원래는 펀자브가 본고장이라고 한다.

인도에서는 과자 가게와 과자 만드는 사람을 할와이라고 부를 정도로 할와는 대표적인 과자이다. 일반적으로 야채나 콩 등의 여러 가지 재료에 기(녹인 버터)와 설탕을 듬뿍 넣고 졸인 것을 말한다. 레시피로 게재한 당근 가자르 할와는 발상지인 펀자브뿐 아니라 이제는 전국에서 사랑받는 디저트이다. 할와 중에서 거칠게 간 밀가루를 재료

치킨 코르마 (출처 : 마줌다르 부인의 레시피)

재료

뼈 있는 닭다리살 500g, 껍질콩 100g, 중간 크기의 양파 2개, 마늘 1쪽, 생강 엄지손톱만큼, 가람 마살라 1작은술, 코리앤더 1작은술, 커민 1작은술, 칠리 파우더 1/2작은술, 시나몬 1/2작은술, 요거트 1/2컵하고 조금 더, 소금 적당량, 월계수 잎 2장, 작은 토마토 1개, 레몬즙 1작은술, 샐러드유 5큰술.

만드는 법

1 닭은 껍질을 벗기고 토막 낸다.
2 껍질콩은 줄기를 제거하고 반으로 자른다.
3 양파 반 개, 마늘 절반, 생강 절반은 간다.
4 3에 스파이스와 요거트와 소금을 적당량 넣고, 닭고기를 1시간 이상 담가둔다.
5 남은 양파는 슬라이스하고, 마늘과 생강은 다진다.
6 두꺼운 냄비에 샐러드유를 두르고 5를 천천히 갈색이 될 때까지 볶는다.
7 4의 닭고기를 소스째 붓고, 다진 토마토와 레몬을 추가하고, 아주 약한 불에서 가끔 저어주면서 천천히 푹 끓인다.
8 40~50분가량 푹 끓여 유분이 분리되면 껍질콩을 넣고 3분간 더 끓이면 완성!

가람 마살라는 일본의 마트에서도 쉽게 구할 수 있다. 시나몬, 카다몬, 클로브 등의 고급 스파이스를 중심으로, 메이커에 따라서 다양한 스파이스가 블렌드되어 있다. 이것을 완성되기 직전에 반 스푼 더 추가하면 향기가 더욱 풍성해진다. 사진은 제4장 표제지 사진을 참조.

가자르 할와(출처 : C. 솔로몬의 책)

재료 ————
당근 500g, 기 4큰술, 크림 1컵, 스팀 밀크 4큰술, 카다몬
1/4작은술, 아몬드 슬라이스 2큰술, 설탕 1과 1/4컵, 있으
면 식용 은박 조금, 물 1/2컵.

만드는 법 ————
1 당근은 껍질을 벗긴 후 거칠게 간다.
2 두꺼운 냄비를 달군 후 기를 두르고 당근을 볶는다.
3 뚜껑을 덮고 탈 것 같으면 조금씩 물을 부으며 아주 약
 한 불에서 부드러워질 때까지 푹 끓인다.
4 다른 냄비에 설탕과 물을 넣고 팔팔 끓인 것을 3에 붓
 고, 크림, 스팀 밀크, 카다몬, 아몬드 슬라이스와 함께
 잘 섞는다.
5 계속 저으면서 부드러운 덩어리가 될 때까지 반죽하듯
 이 끓여준다.
6 테두리가 있는 접시에 펼쳐 담고 찰싹찰싹 두드려 모양
 을 정돈한 후 그대로 식힌다. 있으면 은박을 뿌리고 꾹
 꾹 눌러준다.
7 삼각이나 사각, 또는 마름모로 잘라 테이블에 낸다. 가
 정에서 만들 때는 6, 7의 과정을 생략해도 된다.

로 써서 고형(장방형)으로 만든 것에는 금박이나 은박을 붙여 가게 앞에 주르륵 내놓는다. 이것을 조금 더 가볍고 바삭하게 만든 것이 그 유명한 마이소르 팍인데, 이름 그대로 마이소르 지방의 명물이다.

이번에는 자이나교도의 요리에 대해 이야기해볼까 한다. 델리에 역사 관련 서적을 많이 출판하는 마노하르라는 출판사가 있는데, 이 출판사 경영자는 자이나교도 제인 씨 부자이다. 나는 그들과 옛날부터 친하게 지내고 있는데, 타파르 교수님 댁에서 식사한 다음 날, 델리 교외의 구르가온에 있는 자택에서 아들 부부가 자이나 요리를 대접해주었다. 여기에서 그 요리를 소개할 생각인데, 그 전에 자이나교에 대하여 살짝 설명하고자 한다.

자이나교의 개조 마하비라는 불교의 개조 고타마 싯다르타와 동시대 사람이다. 그는 기원전 6~5세기경, 역시나 싯다르타와 마찬가지로 갠지스강 중하류 유역에서 가르침을 전파하는 활동을 했다. 당시는 성전 베다의 가르침과 브라만이 지내는 제사와 공양의 힘을 절대시하는 브라만교 전성기였지만, 싯다르타와 마하비라는 이를 부정하고 내면을 중시하는 가르침을 설하는 자유사상가로 활약

한다.

마하비라는 윤회를 끊고 해탈하기 위해서는 불살생을 중심으로 철저한 고행을 해야 한다고 설했다. 싯다르타도 불상생을 설했지만, 자이나교 신도는 불상생을 철저하게 지키기 때문에 토지를 경작할 때 땅속에 있는 벌레를 죽일 것을 두려워하여 농업에 종사하지 않고 대부분 상업으로 생계를 꾸린다. 엄격하게 계율을 지키려는 자는 본인도 모르는 새에 날아와 입으로 들어간 벌레를 죽일 것을 두려워하여 마스크처럼 입 앞에 하얀 천을 늘어트리고 다닐 정도이다.

자이나교의 가르침은 라자스탄주에서 카르나타카주에 이르는 서부 인도의 여러 주를 중심으로 퍼졌고, 라자스탄주와 구자라트주에는 아부산을 비롯한 유명한 자이나교 사원이 높은 산에 대부분 하얀 대리석으로 만들어져 있다. 자이나교에서는 마하비라 이전에 23명의 조사가 있었던 것을 인정하여 사원과 석굴에 그들의 석조를 안치하는데, '불살생'과 함께 중요한 '무소유'의 사상을 반영하여 그들은 나체의 모습인 경우가 많다. 초대 조사의 아들 고마테스와라의 거대한 나체상이 언덕 위에 서 있는 것으로 유

고마테스와라의 관정제(왼쪽)와 입 앞에 하얀 천을 늘어트린 자이나교 신자
(오른쪽)

명한 스라바나벨라골라(마이소르 북쪽)에서는 12년에 한 번
나체상에 쌀이나 우유나 색깔이 선명한 향신료를 붓는 관
정제를 대대적으로 행해 많은 신자와 관광객이 밀려든다.

　그런데 무소유는 출가 신도를 위한 계율이다. 재가 신
도에게는 강요하지 않는다. 재가 자이나교도이며 출판사
를 경영하는 제인 씨 부자는 최근 약 20년 만에 작은 마을
에서 근대적 소도시로 변모한 구르가온 단지 한쪽에 예쁜
집을 짓고 살고 있다. 올드델리에 있는 출판사에는 자동

파니르 카레

차로 출퇴근하며, 젊은 부부에게는 아들이 두 명 있다.

여기에서는 젊은 부인이 만들어주었던 가족 요리를 소개하고 싶다. 사진은 파니르 카레인데, 식탁에는 그 밖에 야채 카레, 차나(콩) 샐러드풍 요거트 무침, 달이 나왔다. 불살생의 계율을 지키는 자이나교도의 요리였으므로 당연히 모두 베지테리언이었고, 무척 맛있었다.

파니르란 끓인 우유에 식초를 넣어서 굳힌 코티지 치즈를 말한다. 레스토랑에서는 타르타르산을 넣기도 하지만,

자이나교도 제인 씨네 식탁 풍경

가정에서는 일반적으로 라임(레몬)즙을 넣는다. 이것을 작은 사각 큐브 모양으로 잘라 넣은 카레가 꽤 괜찮은 손님용 요리로 인기다. 베지테리언에게 콩과 우유는 중요한 단백질원이기도 하다. 제인 씨네처럼 심플한 카레 소스로 끓이는 경우도 있고, 그 밖에 시금치를 넣는 팔락 파니르와 완두콩을 넣는 파니르 마트르 등도 있는데 인도 요리치고는 드물게 예쁜 초록색을 띤다. 일본에 체재하는 인도부인들이 물기를 확실하게 제거한 두부를 이용하는 것을 보고 놀랐는데, 하긴 생각해보면 두부도 두유를 굳힌 것이 아닌가.

젊은 날의 무굴 황제 악바르(19세기 세밀화)

제5장 무굴 왕조의 궁정 요리
─중앙아시아와 페르시아의 전통

타지마할

흰 대리석으로 된 전당, 타지마할은 모르는 사람이 없을 것이다. 무굴 왕조의 제5대 황제 샤 자한이 사랑했던 왕비 뭄타즈 마할을 위해 아그라를 흐르는 야무나 강가에 세운 묘지로, 샤 자한도 사후에 왕비와 함께 타지마할에 묻혔다. 그러나 본인이 구상했던 것은 자신을 위해 야무나강 건너편에 똑같은 묘지를 검정 대리석으로 세우는 것이었다는 얘기도 있다. 하지만 만년에 아들이자 후계자인 아우랑제브에 의해 마찬가지로 야무나강 근처에 세워진 아그라성의 일실에 유폐되었던 샤 자한으로서는 이룰 수 없는 꿈이었다. 그는 그곳에서 구불거리는 강의 마치 바로 건너편에 있는 듯 보이는 사랑하는 왕비의 묘지를 바라보며 유폐의 나날을 보냈다고 한다.

무굴 왕조는 1526년에 초대 황제 바부르가 아프간 대지에서 힌두스탄 평원에 침입해 델리를 수도로 삼고 있던 로디 왕조를 격파하고 델리를 자신의 지배권하에 두었을 때부터 시작된다. 제2대 후마윤은 벵골을 지배하던 수르 왕조와의 전투에서 패하고 일시적으로 이란의 사파비 왕조의 궁정에 몸을 의탁했지만, 후에 델리를 되찾는다. 그는 델리에 현재까지 남아 있는 팔각형 석조 건물(궁정 서고)의 계단에서 굴러떨어져 목숨을 잃었다고 전해진다.

샤 자한과 함께 어깨를 나란히 하는 고명한 황제 악바르는 제3대로, 당시 지배층이던 힌두교도 라지푸트족에서 왕비를 맞이하는 등, 인도 생활에 완전히 익숙해진 모습을 보였다. 본인은 물론 무슬림이었으나, 힌두교에도 관용적이었다. 그 결과, 그의 시대에 서방 이슬람의 사라센 문화와 힌두교를 중심으로 하는 인도 문화가 융합했다. 후술하겠지만 이것이 인도 식문화에도 큰 영향을 끼쳤다. 악바르는 행정적으로도 다양한 개혁을 하여 무굴 왕조의 지배력을 공고히 했고, 그 기초 위에서 제4대 사항기르와 제5대 샤 자한에 의해 무굴 제국 황금기 문화가 개화했다.

권력을 위해 형도 살해하고 부친도 유폐하고 황제의 자리에 앉은 제6대 아우랑제브는 악바르와는 대조적으로 강고한 이슬람 신앙의 소유자로 악바르가 폐지한 비이슬람교도에 대한 인두세 지즈야를 부활시켰다. 아우랑제브 시대에 무굴 왕조의 지배력은 데칸까지 확대되지만, 계속되는 전쟁으로 재정은 파탄 났고 각지에서는 반란이 일어났다. 그의 사후, 제국은 급속하게 힘을 잃었고 무굴 왕조의 지배력은 델리를 중심으로 하는 지역으로 축소되었으며 그 지방의 지배도 명목에 불과하게 되었다. 18세기에 들면 벵골, 비하르, 오디샤의 땅은 영국동인도회사의 소유가 되기에 이른다.

영국은 전쟁과 이런저런 구실을 만들어 인도 각지를 차례로 자신의 지배하에 두었다. 영국의 포악하기 이를 데 없는 지배 방식에 인도 민중이 일어난 것이 1857년의 반란인데, 과거에는 영국군에게 고용된 인도인 용병(세포이)의 반란으로 파악했지만, 오늘날에는 영국 지배에 대한 최

초의 민중봉기로서 '인도 대반
란'이라고 부른다. 그리고 반
란에 정당성을 부여하기 위해
내세운 것이 명목상 지배를 지
속하던 무굴 황제 바하두르 샤
2세였다. 이윽고 반란이 진압
되자 바하두르 샤는 폐위된 뒤

바하두르 샤 2세

미얀마로 유배되었고 그곳에
서 생애를 마쳤다.

　나는 2009년 1월 4일에 인도 영자신문 「더 힌두」 온라
인판에서 재미있는 기사를 발견했다. 그것은 바하두르 샤
에게 아들이 있었으며, 직계 자손은 아니나 그 자손 중에
서 바하두르 샤에서부터 셈했을 때 제5대에 해당하는 마
시흐 앗딘 투시라는 인물이 무굴 궁정 요리를 재현하려고
시도 중이라는 기사였다. 현재 투시 씨는 인도 거대 기업
ITC가 경영하는 호텔의 체인 요리점에서 어드바이저로서
특별 요리 레시피 등을 만들고 있다고 한다. 무굴 궁정 요
리에 관한 책은 여태까지도 많은 사람들이 썼지만, 황제의

케밥

자손이 궁정 요리를 재현하고자 시도 중이라는 점이 흥미롭다.

그에 따르면 무굴 요리의 시작은 유목민의 캐러밴 요리였다고 한다. 이동 중에 물을 사용하지 않고 만들 수 있는 요리로서 꼬치구이인 케밥이 그야말로 그 원점에 있다고 하겠다. 케밥은 어디에서나 먹을 수 있지만, 나는 파키스탄 페샤와르에서 먹었던 케밥 맛을 지금도 잊을 수가 없다. 스파이스로 맛을 낸 육즙 흐르는 부드러운 고기 맛이 무척 특별했다. 사실 무굴이라는 이름은 몽골에서 유래했

멜론 상인(아프가니스탄)

다. 또 무굴 왕조의 초대 황제 바부르는 어머니 쪽으로 징기스칸의 피를, 아버지 쪽으로 티무르의 피를 이어받았다고 한다. 따라서 무굴 요리는 무엇보다 중앙아시아의 유목민 문화에 깊이 뿌리내리고 있다.

  나도 과거에 아프가니스탄에서 맛본 멜론(카르보자)의 맛을 잊을 수가 없는데, 바부르도 델리에 거처를 마련한 후 고향의 멜론 맛이 그리워 카불에서 가져온 멜론 한 조각에 눈물을 흘렸다고 한다. 다만, 무굴 황제도 제4대 자항기르와 제5대 샤 자한쯤이 되면 취향이 완전히 인도화되어 아프간 대지의 멜론보다 인도의 망고에 푹 빠지게 된다. 그

비리야니

들은 망고와 얼음으로 만든 서벗을 좋아했다.

이란에 망명한 제2대 후마윤은 사파비 왕조의 궁정에서
수많은 요리사를 데려왔다고 전해지는데, 이로 인해 무굴
요리에 페르시아의 맛과 정취가 더해진다. 바부르도 일시
적으로 사마르칸트를 거점으로 삼았는데, 그곳 또한 페르
시아 문화가 꽃폈던 땅이다. 따라서 무굴 요리의 제2 요소
는 바로 '페르시아풍'에 있다. 인도 요리에서 하나의 큰 세
력을 구축하고 있는 것이 밥을 지을 때 식재료를 함께 넣
고 밥을 짓는 비리야니인데, 이 비리야니야말로 '페르시아

풍'을 이야기하기에 적합한 요리이다.

하지만 비리야니도 기원을 더듬으면 필라브(필라프)로 알려져 있는 중앙아시아 유목민의 요리이다. 쌀을 이용하게 된 경위는 확실치 않으나 19세기에 흔히 먹던 요리이다. 기름에 볶은 고기를 찌고, 여기에 후추와 슬라이스한 마늘을 추가하고, 그 위에 찰기 없는 쌀을 깔고 밥을 지었다는 기술이 있다.

중앙아시아를 여행하고 이와 같은 기술을 남긴 헝가리의 터키어학자 아르민 밤베리에 따르면 이 요리는 궁정에서도, 오두막에 사는 가난한 가정에서도 빼놓을 수 없는 요리였다고 한다. 아무튼 유목민의 소박한 요리였던 필라브는 페르시아 궁정에 들어와 세련된 요리로 변신한다. 나아가 필라브는 페르시아 요리로서 유럽에 전파되어 스페인의 파에야, 이탈리아의 리소토가 되었다고 한다.

페르시아 요리로서의 필라브는, 고기는 장시간 요거트에 절이고, 쌀은 인도산 고급 쌀을 쓰며, 밥을 지을 때는 사프란으로 색을 내고 아위로 향을 내는 등, 고급스러운 맛이 특징이었다. 이것이 인도에 들어와서 어떻게 되었을까? 필라브는 카레, 즉 스파이스와 조우하게 된다. 싯다르타 시대부터 현장 시대까지는 스파이스를 그다지 사용하지 않았던(적어도 스파이스가 주역은 아니었다) 것으로 추정되는 북인도 요리가 16세기 무굴 왕조가 지배한 시대가 되면 카레의 형태로 스파이스를 다용하게 된다.

샤 자한 시대에 인도로 건너간 스페인 수도사 세바스티안 만리케는 벵골인이 축제 연회에서 먹는 요리(콩밥 키차리)에 아몬드, 건포도, 클로브, 메이스, 넛맥, 카다몬, 시나몬, 후추가 들어 있었다고 기록했다. 고급스러운 페르시아풍 필라브가 인도에 와서 강렬한 이들 스파이스로 양념된 것이다.

흥미로운 점은 제3대 황제 악바르를 섬긴 문인 아블 파즐이 악바르의 통치에 대하여 기술한 『악바르 회전』에 식사에 관한 기술이 있는데, 여기에 궁정에서 먹는 요리 서른 가지의 각각의 재료까지 기술되어 있다는 점이다. 그 내용에 따르면 재료는 ①고기를 쓰지 않는 것, ②고기와 밥을 이용하는 것, ③고기를 스파이스와 함께 요리하는 것의 세 카테고리로 나누어진다고 설명한 후 세 카테고리에 해당하는 요리 열 가지의 재료를 각각 기술했다.

악바르는 금요일과 토요일에는 고기를 먹지 않는 등의

습관을 갖고 있었으며, 만년에는 그러한 날이 늘어 거의 육식을 하지 않기에 이르렀다고 한다. 제1 카테고리는 채소 요리로 구성되어 있다. 그 아홉 번째로 타파르 교수님 댁에서도 먹은 사그(푸른 잎 채소) 요리를 무척 맛있는 요리 중의 하나로 소개했으며, 10세르(영어화되어 시어라고도 한다)의 시금치·펜넬·그 외, 1세르 반의 기, 1세르의 양파, 반 세르의 생강, 5미스컬 반의 후추, 반 미스컬의 카다몬과 클로브로 6접시의 요리를 만들 수 있다고 한다. 재료의 양으로 미루어봤을 때 세밀화에서 흔히 볼 수 있는 바와 같이 접시 사이즈가 무척 컸던 듯하다.

제3 카테고리에서 네 번째로 소개하는 케밥에는 여러 가지 종류가 있는데, 10세르의 고기, 반 세르의 기, 소금·생강·양파를 각각 4분의 1세르씩, 커민·후추·코리앤더·카다몬·클로브 1댐 반씩으로 만든다고 적혀 있다(무굴 역사의 권위자 이르판 하비브 교수에 따르면 『악바르 회전』 집필 시의 1세르는 627.75g, 1미스컬은 41.85g, 1댐은 20.925g이었다고 하는데, 다른 해석(1세르=약 900g)도 있어서 확실치 않다).

여기서 주목해야 할 점은 앞서 설명한 것처럼 고대 남인도에서 사용되기 시작한 갖가지 스파이스가 16세기 북인도의 무굴 왕조 궁정 요리에서 왕성하게 쓰였다는 점이다. 석가와 현장의 시대와는 격세지감이 느껴질 정도이다. 무굴 궁정 요리가 오늘날 인도 요리의 하나의 기초를 이룬다고 한다면, 이즈음에서 현대 인도 요리의 원형이 형성되었다는 얘기가 된다. 이 시점에서 케밥과 비리야니의 현대 인도식 조리법을 소개하겠다.

또 우리가 중근동 요리로 알고 있는 '시시 케밥'을 인도에서는 시크 카바브라고 부른다. 시크는 꼬치라는 뜻이며, 시크 카바브는 저민 고기를 꼬치 주변에 붙여서 만든다. 가능하면 저민 양고기를, 간 당근과 생강, 각종 스파이스와 소금, 삶아서 으깬 병아리콩과 함께 부드러워질 때까지 잘 섞어서 반죽한 다음, 기름칠한 꼬치에 소시지 모양으로 붙여서 숯불 또는 예열해둔 오븐에서 노릇하게 굽는다. 다 익으면 꼬치를 제거한 후 식탁에 낸다.

비리야니도 전국적으로 즐겨 먹는다. 특히 축제 및 축하 자리에서 빼놓을 수 없는 요리이다. 비리야니도 지방과 만드는 사람에 따라서 조리법이 천차만별인데, 남인도 무슬림 문화 중심지 중의 하나인 하이데라바드에서 만드는 비리야니는 이제 인도 전국에서 사랑받는 인기 메뉴이다. 본격적으로 만들 때는 각종 스파이스를 섞고, 고기와 쌀, 야채를 오븐에서 층층이 구워내는 노력과 품이 많이 드는 조리 방식을 취하지만, 여기에서는 가정에서도 간단하게 만들 수 있는 간편한 레시피를 소개하겠다.

요거트를 잘 못 먹는 사람은 코코넛 밀크를 넣거나, 캐슈넛 대신에 아몬드나 건포도를 넣어도 된다. 스파이스도 여기에서는 이미 혼합되어 있는 가람 마살라를 썼지만, 자신의 취향에 맞는 배합을 찾아보는 것도 좋을 것 같다. 우리 집에서는 식구들이 좋아하는 카다몬을 넉넉하게 넣는다.

다음으로 살펴볼 것도 무굴 왕조의 전통을 잇는 음식인데, 북인도 요리로서 그리고 오늘날에는 어디에서나 먹을 수 있는 대표적인 인도 요리로서 잊어선 안 되는 것이 인도 요리의 왕, 탄두리 치킨이다. 철 꼬치에 매단 닭고기를 탄두르라는 항아리 모양의 커다란 흙 화덕 속에서 구워서 탄두리 치킨이라는 이름이 붙었다. 이 흙 화덕은 닭고기뿐 아니라 납작하게 만든 빵 생지를 벽면에 붙여 굽는 데

케밥(출처 : 요리연구가 C. 솔로몬의 책)

재료 ─────

램 다리살(또는 소고기, 닭 다리살) 1kg, 마늘 1쪽, 생강 엄지손톱만큼, 코리앤더 1/2작은술, 커민 1/2작은술, 블랙 페퍼 1/2작은술, 소금 1작은술하고 조금 더, 아몬드 파우더 1큰술, 참기름 1큰술, 요거트 1큰술, 레몬 주스 1큰술.

만드는 법 ─────

1 램(어린 양고기)은 부드러운 상질의 살코기를 골라 데굴데굴하게 썬다.
2 마늘과 생강을 갈고, 남은 재료 전부와 잘 섞어서 고기에 잘 문질러 바른 다음, 커버를 씌워 2~3시간 동안 재운다.
3 3~5덩어리씩 금속 꼬치에 끼우고, 숯불 또는 예열해둔 오븐에서 노릇하게 굽는다.

치킨 비리야니

(출처 : 마이소르에서 옆집에 산 라피크 아크마드 부인의 레시피)

재료 —————

뼈 있는 닭 다리살 400g, 기 또는 샐러드유 3큰술, 인디카 쌀 2컵, 마늘 1쪽, 생강 엄지손톱만큼, 중간 크기의 양파 1개, 월계수 잎 2장, 가람 마살라 2작은술, 캐슈넛(로스트한 것) 1컵, 요거트 1컵, 사프란 몇 줄기, 청고추 5개(큼직하게 썰기), 소금 1작은술, 코리앤더 잎(고수) 조금.

만드는 법 —————

1 쌀은 씻은 후 물기를 빼둔다.
2 닭고기는 토막 낸다.
3 양파, 마늘, 생강은 다져둔다.
4 예열된 냄비에 오일을 두르고 3을 넣고 볶는다.
5 월계수 잎과 가람 마살라를 넣어 향기를 더한다.
6 그다음에 닭고기를 넣고 반쯤 익힌다.
7 씻어서 물기를 빼둔 쌀, 캐슈넛, 요거트, 사프란, 청고추, 소금을 넣고 볶다가, 2컵 조금 안 되는 물을 붓고 밥솥에 앉힌다.
8 코리앤더 잎을 뿌린다.

탄두리 치킨 (C. 솔로몬의 책을 참고하여 기재)

다양한 레시피가 있는데 우리 집에서는 거의 이와 같이 만든다. 여러 레시피의 공통점은 약병아리를 쓴다는 점과 소스에 담가둘 때 맛이 잘 배도록 껍질을 벗긴다는 점이다.

재료 ———

500g가량의 약병아리 2마리, 마늘 1쪽, 생강 엄지손톱만큼, 요거트 3/4컵, 소금 1과 1/2작은술, 가람 마살라 1큰술, 화이트 페퍼 1/2작은술, 칠리 파우더 1/2작은술, 붉은색 식용 색소 조금, 기 2큰술, 레몬 1개.

만드는 법 ———

1 닭 껍질을 제거하고, 세로로 반으로 가른다. 맛이 잘 배도록 고기가 두툼한 부위에는 얕게 칼집을 낸다.
2 마늘과 생강은 갈고, 요거트에 소금·가람 마살라·화이트 페퍼·칠리 파우더를 넣고 잘 섞어준다. 소스가 짙은 핑크색이 될 때까지 붉은색 식용 색소를 양을 조절해가며 조금씩 넣어준다.
3. 이것을 1에 빠짐없이 골고루 바른 다음, 냉장고에 하룻밤 동안 넣어둔다.
4 오븐을 200도로 예열한다.
5 오븐용 접시에 기 2큰술을 붓고, 닭 가슴이 바닥으로 가도록 놓은 후 스푼으로 밑에 고인 기를 떠서 닭고기에 끼얹어주고 약 20분간 굽는다. 한 번 더 기를 닭고기에 끼얹어주면서 뒤집기도 하고 방향도 바꿔가며 30분가량 굽는다. 살짝 눌은 자국이 생기면 완성!

6 반달 모양으로 자른 레몬을 곁들여 식탁에 낸다.

물론 시판하는 탄두리 치킨용 혼합 스파이스도 있다. 이를 기본으로 좋아하는 스파이스를 추가하여 쓰는 것도 좋은 방법이다. 우리 집에서는 시나몬을 추가한다.

탄두리 치킨 밑손질 과정

꼬치에 꽂아서 탄두르 안에 넣는다

인도 요리의 왕, 완성!

도 이용된다. 이렇게 구워내는 얇은 빵이 난인데, 철판에서 구운 차파티와 달리 발효 과정을 거치기 때문에 포동포동하게 부풀어 올라 부드럽고 맛이 아주 좋다. 남인도의 국물이 많은 카레에는 적합하지 않지만, 북인도의 카레에는 잘 어울린다. 난도 중앙아시아 및 서아시아와 인연이 있는 식품이다. 인도에서는 위쪽이 삐죽한 커다란 무화과 모양으로 만들지만, 내가 아프가니스탄에서 먹은 난은 거대한 '짚신' 모양이었다.

탄두리 치킨 이야기로 돌아가서, 탄두리 치킨도 닭고기를 장시간 스파이스를 넣은 요거트에 담갔다가 흙 화덕 속에서 굽기 때문에 고기에서 따끈따끈한 부드러운 맛이 난다. 다 구워진 닭고기가 붉은 것은 고추 때문이라는 말도 있지만, 아무래도 착색료로 붉은색을 내는 듯하다. 왜냐하면 일시적으로 인도에서 탄두리용으로 흔히 쓰던 착색료가 유해성 문제가 있는 것으로 밝혀져 사용이 금지된 적이 있는데, 그 시기에 모든 레스토랑의 탄투리 치킨 색이 허여멀겋게 됐었다. 맛에는 차이가 없었으나, 어쩐지 호쾌한 느낌이 사라져 아쉬웠다. 탄두리 치킨은 역시 빨개

머튼 로간 조쉬(C. 솔로몬의 책을 참고하여 기재)

재료 ———

램 750g, 중간 크기의 양파 1개, 마늘 2쪽, 생강 엄지손톱 만큼, 기 4큰술, 사프란 1/4작은술, 터메릭 1/2작은술, 커민 1작은술, 코리앤더 1큰술, 펜넬 1/2작은술, 칠리 파우더 1작은술, 블랙 페퍼 1/2작은술, 카다몬 1/2작은술, 카다몬 알갱이 4알, 클로브 1/4작은술, 메이스 1/4작은술, 가람 마살라 1작은술, 중간 크기의 완숙 토마토 2개, 요거트 1/2컵, 양귀비 씨 1작은술, 아몬드 2큰술, 소금 1과 1/2작은술, 통조림 코코넛 2큰술, 코리앤더 잎(고수) 조금.

만드는 법 ———

1 램은 먹기 편한 크기로 자른다.
2 사프란은 뜨거운 물 2큰술에 담가둔다.
3 마늘과 생강은 다지고, 양파는 얇게 슬라이스해둔다.
4 두꺼운 냄비에 기를 두르고 3을 넣고 천천히 갈색이 될 때까지 볶는다.
5 터메릭, 커민, 코리앤더, 펜넬, 칠리, 후추, 카다몬, 클로브, 메이스를 추가하고 향이 나도록 볶는다.
6 큼직하게 썬 토마토, 요거트, 양귀비 씨, 아몬드, 소금을 넣고 볶다가 코코넛, 사프란 물을 추가하여 걸쭉한 루를 만든다.
7 고기와 카다몬 알갱이를 넣고 부글부글 끓으면 불을 아주 약하게 줄이고, 가끔 저어주고 물도 부어가며 약 1시간 동안 푹 끓인다. 고기가 부드러워지면 가람 마살라를 추가하고, 국물이 거의 없는 상태가 되면 완성!
8 코리앤더 잎을 뿌려 식탁에 낸다.

머튼 코르마(위는 사용되는 스파이스)

야 제맛이다. 다행히 현재는 다시 붉은색으로 돌아왔다.

　북인도의 대표적인 요리 중 하나인 카슈미르 지방의 머튼 로간 조쉬도 여기에서 소개하고 넘어가겠다. 이것도 원래는 페르시아 요리로, 센 불에서 버터로 볶은 고기 스튜였다. 그런데 역시 인도에 들어온 후 각종 스파이스로 양념된다. 힌두교도(카슈미르에서는 브라만도 고기를 먹는다)와 이슬람교도는 이용하는 스파이스도 다르다는데, 여기에 게재한 것은 극히 일반적인 레시피이다. 이것도 만드는 사람에 따라서 조리법이 천차만별인데 여러 가지 스파이스를 넉넉하게 넣는 점이 특징이다(시나몬과 아위를 고집하는 사람도 있다). 하지만 전부 마련하지 못해도 상관없고, 매운 음식을 못 먹는 사람은 후추와 칠리를 적게 넣으면 된다. 국물이 거의 없게 자작하게 만드는 것이 기본이지만, 취향에 따라서 조절하자.

　델리의 타파르 교수님 댁과 제인 씨네 집에서 취재했지만, 추가적으로 로디 왕조의 유적이 남아 있는 로디 공원 옆의 인도-이슬람문화센터 레스토랑에서도 무굴풍 머튼 코르마를 맛보았으므로 그때 찍은 사진도 소개하고 싶다.

머튼 코르마와 머튼 로간 조쉬는 모두 기본적으로 요거트
가 들어간 머튼 카레인데, 머튼 코르마가 보다 일반적이
다. 남인도에서도 무슬림을 비롯한 논베지테리언이 지극
히 일상적으로 먹는다.

새우 카레를 만드는 모습

제6장 카레의 원점
—케랄라 바다와 스파이스

말라바르 해안

해안에서는 야자나무가 숲을 이루고, 그 앞의 푸른 아라비아해는 태양 빛을 받아 반짝반짝 빛난다. 뒤쪽의 해안 평야에 접하여 서고트산맥이 우뚝 솟아 있고, 높은 산봉우리는 몬순(계절풍) 계절이 되면 남서쪽에서 불어오는 바람을 막아 산기슭에 대량의 비를 쏟아지게 한다. 이러한 케랄라 지방이야말로 인도 속 스파이스의 세계라고 할 수 있다.

스파이스 중의 스파이스라고 할 수 있는 후추는 덩굴성 식물로, 높은 나무에 휘감겨 잎사귀 사이로 길게 줄지어

후추를 수확하는 모습　　　　　후추 열매

늘어서는 작은 알갱이를 맺는다. 서고트산맥 산기슭을 덮
은 나무들은 후추가 달라붙어 생장하기에 더할 나위 없이
적합하다. 케랄라를 여행하면 나무에 후추 열매가 가지가
휘도록 열려 있는 광경을 볼 수 있고, 이를 수확하여 돗자
리 위에 널어놓고 말리는 풍경도 종종 만나게 된다. 사다
리를 걸치고 높은 곳에 열린 후추를 따는 것은 남성의 일
이고, 낮은 곳에 열린 후추를 따는 것은 여성의 일이다.

　완숙하기 전의 열매를 그대로 말리면 블랙 페퍼가 되고,
완숙한 열매의 외피를 제거하여 건조시키면 화이트 페퍼

발로 밟아 줄기에서 후추 열매를 떼어내는 모습

햇볕에 말린다

가 된다.

1970년대의 통계에 따르면 케랄라의 후추 생산량은 세계의 약 30%를 점유했으며, 당시 케랄라의 유수의 무역항이던 코치(코친)의 도매점에는 큰 부대에 담긴 후추가 자리가 부족한 듯 산처럼 쌓여 있었고, 이 항구를 통해 차례로 세계 각지로 수출되었다. 다만, 과거에 후추를 생산했던 농가들이 현재는 후추보다 값이 더 나가는 파인애플이나 고무 등으로 품목을 변경함으로써 상황이 달라졌다.

하지만 시대를 뒤돌아보면 케랄라 후추에 대한 수요는 고대 로마 시대로까지 거슬러 올라간다. 1~3세기 서방의 로마 제국과 남인도 사이에서는 계절풍을 이용한 항해법으로 활발한 무역이 이루어졌다. 아라비아해에서 인도양으로 나가 장사하려는 그리스 로마 상인을 위한 가이드북으로서 그리스어로 쓰인 『에리트라해 안내기』에 당시 무역 상황이 어떠했는지가 기록되어 있다.

당시 남인도에는 촐라, 판드야, 체라(케랄라)라는 세 왕국이 있었고, 항쟁을 반복하면서도 번영했다. 이들 왕국 사람들이 썼던 타밀어는(현재 케랄라에서는 말라얄람어를 쓰지만, 그 시대에는 타밀어를 썼다) 상감 문학이라는 시로 쓰인 '고전 문학'을 발전시켰는데, 이를 통해서도 당시 로마 제국과의 교류 상황을 엿볼 수 있다. 시 중에서 다음과 같이 읊은 시가 있다.

페리야르강 물줄기에 거품을 내며 금화를 쌓은 로마의 배가 들어오네. 이들 배는 후추를 쌓고 돌아간다. 무지리스 항은 활기로 가득하다.

페리야르강은 서고트산맥에 수원을 두고 코치 북쪽에서 아라비아해로 흘러드는 대하이다. 무지리스는 이를 거슬러 올라간 곳에 있는 체라 왕국의 외항이었을 거로 추정되는데, 『에리트라해 안내기』에는 무치리라고 표기되어 있다.

다만 무지리스 항이 실제로 어디에 있었는지는 수수께끼이며, 반복적인 발굴에도 불구하고 아직 확실하게 밝혀지지 않은 상태이다. 그런데 최근에 페리야르강 남쪽 강변의 작은 마을 파타남에서 이루어진 소규모 발굴에 의해 그곳이 무지리스였음이 거의 확실시되었다. 나는 그곳을 두 번 방문한 적이 있는데, 벽돌로 지어진 건물 유적도 남아 있고, 로마에서 들어온 암포라(포도주를 담아온 항아리)와

로마 배가 들어왔던 페리야르강

유리 제품의 파편, 비즈 등이 다량으로 발견되었다. 금화도 출토되었다. 출토품 일부는 코치 박물관에서, 일부는 케랄라의 주도 티루바난타푸람의 주정부 고고학부에서 보관하고 있다.

앞에서 소개한 시를 통해 알 수 있는 바와 같이 로마 상인은 대량의 금화를 지불하고 케랄라의 후추를 손에 넣었다. 그 결과, 로마 제국은 금 유출 문제로 고민하게 되었

무지리스 유적으로 추정되는 벽돌 유구(파타남)

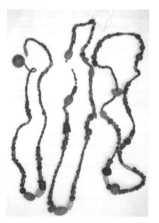

파타남에서 출토된 비즈

고, 정치가 플리니우스는 이를 한탄하며 '로마인은 어찌하여 그런 달콤하지도 않고 맛있지도 않은 것(후추)에 큰돈을 지불하는가'라는 글을 썼다. 일설에는 냉장고가 없었던 탓에 쉽게 부패한 고기를 장기 보존하고 냄새도 제거할 목적으로 후추를 사용했다고 하지만, 역시 자극적인 얼얼한 맛이 좋았던 게 아닐까?

케랄라의 것과는 종류가 다르지만 북인도의 긴 후추pippali(피팔리)는 기원전 4세기 마케도니아의 알렉산드로스 대왕이 인도에 원정 왔을 때 그리스로 가져간 것인데, 그때 그리스어로 유입된 피팔리가 변화하여 나중에 영어의 페퍼pepper가 되었다. 참고로 영어 진저ginger(생강)는 타밀어 인시inci가 라틴어를 거쳐 영어로 유입된 것이라고 한다.

후추와 함께 케랄라를 대표하는 스파이스는 카다몬이다. 후추와 달리 카다몬은 키가 작은 생강과의 식물로, 하귤의 씨 같이 생긴 깍지 속의 검은 알갱이 씨앗에는 향방이 있다. 홍차를 비롯한 여러 음료에도 넣는데, 앞서 말한 바와 같이 카레에 빼놓을 수 없는 스파이스이다. 케랄라를 남북으로 가로지르는 서고트산맥의 일부는 '카다몬 구릉'이라고 불릴 정도로 카다몬이 많이 자생한다.

이처럼 케랄라는 다른 스파이스는 말할 것도 없고, 카레를 구성하는 제일 중요한 스파이스 중에서 인도 외의 다른 땅에서는 거의 볼 수 없는 중요한 두 가지가 자생하기 때

수확 시기의 카다몬

문에, 그것만으로도 '스파이스의 왕국'이라고 부르기에 부족함이 없다. 게다가 이미 이토록 스파이스가 풍부한데, 인도에서는 볼 수 없는 스파이스가 동남아시아에서 들어온다.

1~3세기 로마 제국과 남인도 간에 펼쳐진 해상무역은 동남아시아하고도 연계되어 있었다. 중국의 역사서『후한서後漢書』에는 로마 황제 마르쿠스 아우렐리우스 안토니누스로 추정되는 대진왕 안돈의 사자가 오늘날의 베트남 북부 항구에 왔었다고 기록되어 있다. 베트남 남부, 메콩삼

열로 건조시키는 작업

건조 작업이 끝난 카다몬(오른쪽),
껍질에 담긴 씨앗(왼쪽)

옥에오에서 출토된 로마의 메다이옹   중국의 청동 거울

각주의 항구 마을 유적 옥에오에서는 기원 전후 인도의 부적으로 추정되는 것과, 그 밖에 2세기 로마의 금 메다이옹(대형 메달)과, 후한의 청동 거울 조각이 발견되었다.

그리고 남동아시아에서는 그 땅에 자생하는 클로브(정향)와 넛맥과 그 밖의 스파이스가 스리랑카의 시나몬(육계)과 함께 인도와 로마로 운반되었다. 지도를 펼쳐보면 알 수 있듯이 남인도의 반도부, 특히 케랄라 항구는 남서 해상 무역을 하기에 적합한 중계 기지로서도 번영했다.

이처럼 케랄라는 동방의 여러 지역과 관계를 가졌을 뿐 아니라 케랄라와 로마 사이에 있는 서방의 여러 지역과도 깊은 관계를 구축하고 있었다. 16세기 이후로 포르투갈인

클로브 열매(오른쪽 위)와 건조되어 갈색이 된 클로브 열매(왼쪽).
(오른쪽 아래) 넛맥(위)과 카시아(아래)와 메이스(가운데)

이 포교 활동을 펼치기도 해서 케랄라에는 그리스도교도
가 많다. 1세기에는 그리스도의 사도 성 토마스가 건너와
사람들을 개종시켰다는 전설도 있으며, 그의 자손들은 시
리안 크리스찬이라 불리며 오늘날에도 커다란 세력을 이
루고 있다.

　이에 비해 수는 훨씬 적지만, 오래전에 이주해온 유대교
도도 살아서 코치에는 유대교 성당인 시나고그도 있다. 7
세기에 이슬람교가 성립되어 서아시아 여러 지역에 전파
된 이후로 무슬림도 마찬가지로 이 지역에 와서 정착해 살
기 시작했다. 그들 대부분은 상업에 종사했지만, 일부는

시나고그(코치)　　　　　　　가마 상륙 기념비(카파드)

서고트 산기슭에서 커피 재배를 했다고 전해진다.

코치는 남북으로 길쭉한 반도의 북단에 위치하며, 그보다 더 끝으로 나아간 곳에 위치하는 성프란체스코 교회의 바닥에는 인도를 세 번 방문하고(처음으로 방문한 곳은 1498년에 코지코드〔캘리컷〕), 1524년에 코치에서 사망한 바스코 다 가마의 묘비가 박혀 있다.

교회에서 가까운 반도 끝부분의 바다에 차이니즈 피싱 네트라고 불리는 거대한 팔이 네 개 달린 어망이 설치되어 있어서 사람들은 때때로 그것을 물에 담가 물고기를 잡는다. 이 어망은 이름 그대로 중국에서 들어왔으며 수로(백워터)가 많은 케랄라 곳곳에 장착되어 있다.

바스코 다 가마의 묘비   성프란체스코 교회

　시나고그 앞의 좁다란 거리에는 어째서인지 골동품 가
게가 많은데, 보석과 스파이스가 든 컬러풀한 뚜껑 달린
나무 상자(말라바르 박스)와 17~18세기 이후 중국에서 들어
온 청화 항아리 등을 판다.

　중국 배가 이 수역에 모습을 드러내기 시작한 시기는
12세기 무렵부터인 듯하다. 『영외대답嶺外代答』이라는 12
세기 중국 서적에 '중국 해상 상인이 대식(아라비아)에 가고
자 할 때에는 반드시 고림(콜람)에서 작은 배로 갈아타고
갔다'고 기록되어 있다. 콜람(퀼론)은 중세에 케랄라 남부
에서 크게 번영한 항구인데, 중국 상인은 그곳까지 대형
잭으로 간 다음, 그곳에서부터 아라비아해에서 일반적으

백워터　　　　　　　　　　　차이니즈 피싱 네트

로 이용하는 소형 다우선으로 갈아타고 간 듯하다.

　　나는 과거에 남인도와 스리랑카에 남아 있는 중국 도자기 파편을 조사 연구한 적이 있다. 콜람 해안에서는 송대와 원대의 청자를 비롯한 중국 도자 파편을 대량으로 발견했다. 14세기 용천(룽촨)에서 서아시아를 겨냥하여 만든 국화문 첩화 청자완 조각이나, 17~18세기 경덕진에서 만든 청화 백자 부용수 접시 조각 등이었다. 그보다 훨씬 북쪽에 위치하는 판다라이니 콜람이라는 곳에서도 수많은 중국 도자기 조각을 발견했다.

　　13세기 이후로 말라바르 해안(반도 서쪽의 케랄라 해안)의 항구 마을에서 식사와 관련된 부정의 관념(제3장 참조)을 갖고

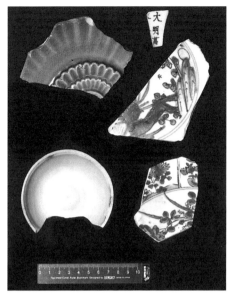

콜람에서 출토된 중국 도자기 파편

있지 않은 무슬림이 대거 정착하여 살기 시작하면서 중국 도자기의 수요가 늘어났다. 청자 접시와 그릇은 독이 닿으면 변색된다고 믿었기 때문에 독살이 일상다반사였던 시대에 이를 두려워한 무슬림 지배자들이 너나 할 것 없이 쓰고 싶어 했다.

동쪽의 코로만델 해안에서도 그렇지만 동인도 해안을 걷다 보면 모퉁이를 사각으로 만들어 놓은 기다란 통나무를 모래사장에서 말리는 모습을 쉽게 볼 수 있다. 이는 캐터머랜(묶은 나무)이라는 이름의 '뗏목'으로, 고기를 잡으러

캐터머랜

해변 시장에서 열린 경매

나갈 때 이 나무 5~6개를 종려나무 밧줄로 단단하게 묶어 배로 만든다. 그래서 통나무를 잘 살펴보면 다소 구부러 져 있고 앞쪽이 미묘하게 가늘다. 해변에서 나갈 때는 노 를 쓰고, 먼바다에 나간 다음에는 통나무 하나에 기둥을 세우고 삼각형 돛을 달아 범주한다. 바닷물이 안으로 들 어오지만 '뗏목'이므로 가라앉지 않는다.

캐터머랜이 바다에서 돌아오면 다시 목재 상태로 분해 하기에 앞서 바닷가에서 시장을 연다. 잡아 온 물고기의 경매가 시작된다. 이 물고기는 팔이 네 개 달린 어망으로 잡은 물고기와 함께 마을 시장을 거쳐 레스토랑과 가정의 식탁에 오른다.

케랄라를 대표하는 카레는 뭐니 뭐니 해도 신선한 피쉬 카레와 많이 잡히는 새우가 든 카레이다. 일본의 닭새우에 필적하는 커다란 것(랍스터)도 많이 잡힌다. 대형 호텔에서는 언제든지 주문 가능하지만, 그럼에도 나는 해변에서 직접 구매한 것을 조리해달라고 요청한 적이 있다. 중형 새우(프론)는 동남아시아 각지에서 양식되기 전에는 오로지 코치 항구에서만 일본으로 수입되어 덴동(튀김덮밥)의 재료로 쓰이곤 했다. 그럼 먼저 새우 카레를 소개하도록 하겠다.

새우와 깊은 관계도 있고 해서 케랄라주 정부는 도쿄에 주정부 수산부 대표를 주재시켰다. 그중의 한 명인, 도쿄대학 농학부에서 박사 학위를 따고 1980년대에 대표를 역임한 남비아르 씨하고는 당시부터 알고 지냈으며 지금도 가깝게 지내고 있다. 그에 따르면 케랄라 물고기 중에서는 잔뼈가 많은 것이 흠이지만 백워터에서 잡히는 물고기가 맛있다고 한다. 백워터에는 바닷물과 강물이 흘러들어서 아무래도 생식하는 물고기의 종류가 다른 모양이었다.

피쉬 카레는 남비아르 부인이 가르쳐준 레시피를 기재했다. 나는 이 카레를 코치 자택에서 여러 번 대접받았는

프론 카레 (C. 솔로몬의 책을 참고하여 기재)

재료 ———

새우 500g, 중간 크기의 양파 1개, 마늘 1쪽, 생강 엄지손톱만큼, 칠리 파우더 1/2작은술, 터메릭 1/2작은술, 코리앤더 1/2작은술, 커민 1/2작은술, 펜넬 1/2작은술, 코코넛 밀크 통조림 1컵하고 조금 더, 커리 잎 또는 월계수 잎 5~6장, 파프리카 2작은술, 레몬즙 1작은술, 샐러드유 2큰술, 소금 적당량.

만드는 법 ———

1 새우는 껍질과 내장을 제거한다.
2 양파, 마늘, 생강은 각각 다진다.
3 샐러드유 2큰술을 프라이팬에 두르고, 카레 잎 5~6장을 볶다가 2를 넣고 잘 섞어가면서 5분간 볶는다.
4 칠리 파우더, 터메릭, 코리앤더, 커민, 펜넬을 추가하고 1분간 볶는다.
5 스파이스가 기름하고 분리되기 시작하면 새우를 넣고 볶는다. 새우의 색이 변하면 코코넛 밀크와 파프리카, 소금을 넣고 저으면서 5분간 끓인다.
6 레몬즙을 뿌리고 식탁에 낸다.

코코넛 밀크 통조림 대신에 코코넛 파우더를 미지근한 물에 녹여 사용해도 된다.

피쉬 카레(남비아르 부인의 레시피)

재료 ————

생선(삼치, 병어 등) 500g, 그린 칠리 5개, 칠리 파우더 1작은
술, 터메릭 1/2작은술, 코리앤더 1작은술, 생강 엄지손톱
만큼, 코코넛 밀크 통조림 1컵, 깍지에 든 타마린드 큰 것
(병에 담긴 페이스트를 쓸 경우에는 1작은술), 양파 작은 것 1/2개,
소금·후추·머스타드 씨 적당량.

만드는 법 ————

1 생선은 한입 크기로 자른다.
2 칠리 파우더, 터메릭, 코리앤더, 소금을 섞어 생선에 바
   른 후 1시간 동안 그대로 둔다.
3 물 2컵에 타마린드를 담고 잘 주물러 즙을 짜낸 후 찌
   꺼기는 제거한다.
4 타마린드 즙에 잘게 썬 생강과 큼직하게 썬 그린 칠리
   를 넣고, 팔팔 끓으면 생선을 조심해서 넣고 중불에서
   7~8분간 끓인다.
5 코코넛 밀크 통조림 1컵을 잘 섞어서 4에 넣고 한번 끓
   어오르면 소금으로 간을 맞춘다.
6 오일 소량을 두르고 다진 양파와 머스타드 씨를 볶아서
   토핑한다.

타마린드가 없으면 레몬으로 대체해도 된다.

정화의 항해도(왼쪽 박스가 고리국, 오른쪽 박스가 가지국)

병어 카레

데 무척 맛있었다.

15세기 초에는 정화의 선단이 케랄라 항구를 방문했다. 환관이자 무슬림이었던 정화는 명나라 영락제의 명을 받고 대선단의 지휘자로서 동남아시아에서부터 인도양 각지를 방문했다. 수행자 마환이 그의 저서 『영애승람瀛涯勝覽』에 콜람(소갈란국), 코치(가지국), 코지코드(고리국)에 대한 기록을 남겼다.

식사에 관하여, 콜람 부분에서는 '수유(기)를 파는 사람이 많고, (사람들은) 하루에 두 번 식사를 하는데, 매번 수유를 밥에 비벼 먹는다'라고 썼고, 코지코드 부분에서는 '국

왕과 사람들은 소고기를 먹지 않지만, 대두목은 무슬림이기 때문에 저(돼지고기)를 입에 대지 않는다'라고 기술했다. 하지만 옛날에 전사 계층이던 나야르 카스트에는 육식을 하는 사람도 많은지, 내가 나야르 카스트에 속하는 대학교수 집에 식사 초대를 받아 갔을 때는 소고기가 나와 깜짝 놀랐었다. 식사에 관하여 일반론을 말하는 것은 실로 어려운 일이다.

케랄라에서는 '기름'이라고 하면 코코넛유를 말한다. 두발에 바르는 용도로는 물론이고 식용유로도 당연히 코코넛유를 쓴다. 상온에서 굳기 때문에 사용하기도 편하다. 다만 코코넛유 특유의 냄새가 있어서 익숙하지 않은 사람은 쓰기 쉽지 않다. 하지만 케랄라 사람, 그리고 마찬가지로 코코넛유를 다용하는 스리랑카 사람은 기름은 누가 뭐래도 코코넛유가 제일이라고 할 정도로 깊은 애착을 가지고 있다.

코코넛은 안에 든 주스는 맛있게 마실 수 있고, 껍질 안쪽에 붙은 과육은 코코넛 밀크와 코코넛 파우더의 원료로서 온갖 요리에 사용된다. 나아가 동그란 껍질은 둘로 쪼개 세공하면 등불 접시나 재떨이가 되고, 바깥쪽의 섬유질(코이어)은 가공하여 밧줄을 만들기도 하고 매트나 솔을 만들기도 한다. 즉 버릴 것이 없는 게 코코넛이다(206페이지 참조). 코코넛 나무가 한 그루 있으면 사람 한 명이 먹고 살 수 있다고 할 정도이다. 케랄라와 스리랑카의 산업을 뒷받침하는 나무이다.

참고로 다른 지역 특유의 기름에 대해서도 언급하고 넘어가겠다. 먼저 벵골 지방의 겨자유. 벵골에 관해서는 제8장에서 자세하게 설명하겠지만, 생선요리 중에서 힐사(일리쉬) 등의 민물고기를 바나나 잎을 깐 질 냄비에 넣고 그 위에 스파이스와 함께 겨자유를 넉넉하게 붓고 쪄내는 요리가 유명하다.

벵골 지방을 제외한 북인도에서는 우유로 만드는 기를 일반적으로 사용한다. 기는 전국적으로 사용되며, 우유 생산량의 거의 절반이 기로 소비된다고 할 정도이다. 케랄라를 제외한 남인도에서는 일반적으로 참기름을 쓰지만, 데칸에서는 홍화유와 아마씨유도 많이 쓴다. 그 밖에 피너츠유와 피마자유도 여러 지방에서 먹는다. 기름에서도 인도 다양성의 일면이 엿보인다.

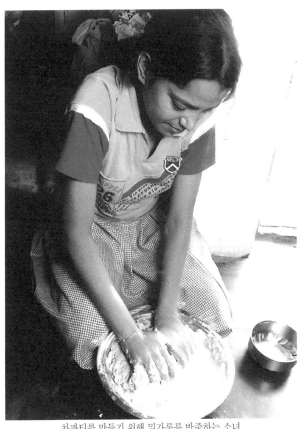

차파티를 만들기 위해 밀가루를 반죽하는 소녀

제7장 고아 카레에
남아 있는 포르투갈의 맛

빈달루는 유명한 인도 요리 중의 하나로 통한다. 물론 치킨 빈달루나 포크 빈달루라고 말해야 하지만, 빈달루는 첸나이 호텔에서도 델리 레스토랑에서도 주문 가능하다.

하지만 빈달루라는 이름이 포르투갈 요리 카르니 드 비냐달로스Carne de vinha-d'alhos의 '비냐달로스'가 인도식으로 변형된 발음이라는 것은 모르는 사람이 많을 것이다. 포르투갈 요리가 어쩌다 인도에 들어왔을까? 이미 전술한 바와 같이 16세기 초(1510년)부터 포르투갈이 고아를 점령하면서 그곳으로 이주해 온 포르투갈인이 본국 요리를 가지고 들어왔기 때문이다. 만약 그 음식이 맛있지 않았다면 고아에만 머물러 있었겠지만, 와인 비네거를 넉넉하게 넣어 조리한 이 요리가 맛있었던 탓에 인도 각지로 퍼져나갔다.

고아는 불과 50년 전까지만 해도 포르투갈령이었다. 인도 공화국에는 영국으로부터 독립하기 전에 포르투갈령이던 영토뿐 아니라 첸나이 남방의 퐁디셰리를 비롯하여 프랑스령 및 그 외 기타 영토도 있었다. 이들은 1947년에 독립하면서 인도 공화국으로 병합되었다. 하지만 포르투갈이 병합을 거부하여 고아는 그 후로도 계속 포르투갈령인 상태로 남아 있었다. 그러다가 1961년에 최종적으로 인도 공화국이 무력을 행사함으로써 '해방'된다.

때마침 그해 마드라스에 유학한 나는 연말이 거의 다 되었을 즈음, 델리에 잔존하는 델리 제 왕조 시대의 유적을 조사하는 도쿄대학 인도사적조사단이 델리에 왔을 때, 도와주러 델리에 갔었다. 그곳에서 어느 날 아침에 집어 든 신문 제1면에 고아 '해방' 소식이 크게 실려 있던 것을 지금도 선명하게 기억한다. 무력 해방이라곤 하나, 실제로 무력은 거의 사용하지 않았으며, 인도군의 침입을 받은 고아가 저항하지 않고 항복함으로써 16세기부터 계속되어 온 점거 상태에 종지부를 찍었다. 1985년 인도에서 제작된 영화 중에 「Trikal」이라는 히트 작품이 있는데, 해방 전날 밤 고아에서 해방 운동 투사인 히로인의 연인이 경찰에게 쫓기는 장면에서 그날 아침 일이 감회 깊게 떠올랐다.

고아에는 여러 번 갔다. 과거 포르투갈령이던 고아 중심부는 아라비아해로 흘러드는 두 줄기의 강과 이를 잇는 운하로 둘러싸인 섬의 형태를 하고 있으며, 도시는 북쪽으로 흐르는 만도비강에 면해 있다. 16세기 초에 내륙 비자

고아의 옛 지도(아래로 흐르는 것이 만도비강)

푸르 왕국의 지배하에 있던 이 도시는 아랍 세계와의 말
무역으로 번성했는데, 1510년에 알부케르크가 이끈 포르
투갈 군대가 급습하여 점령한 후로는 줄곧 포르투갈의 거
점이었다. 고아에는 포르투갈의 수도 리스본을 모방한 새
로운 도시가 건설되어 크게 발전했고, 최성기였던 16세기
말에는 런던에 필적하는 20만 명이 넘는 인구가 살았다고
한다.

　포르투갈이 동양에 진출한 목적은 스파이스를 필두로
하는 무역을 독점하는 것과 그리스도교 포교였고, 고아를
그 중심으로 보았기 때문에 그곳으로 예수회 수도사를 포

함하는 많은 그리스도교 전도사가 이주했다. 앞에서 인용한 카레에 관한 기술을 남긴 선교사 구베아도 그중의 한 명이다.

일본인에게 친숙한 사람은 그곳에서 멜라카를 거쳐 일본에 온 프란시스코 사비에르이다. 포르투갈은 고아를 점령한 이듬해에 말레이반도의 멜라카도 점령했는데, 사비에르는 그곳에서 야지로라는 일본인을 만났고 그를 고아로 데리고 가 세례를 받게 한 후 일본으로 건너왔으므로, 일본인 중에서 고아 카레를 최초로 맛본 사람은 아마도 야지로일 것이다.

하지만 16세기 고아에서 카레를 먹은 일본인은 야지로만이 아니었다. 사비에르의 포교로 인해 일본에서도 그리스도교로 개종하는 다이묘(일본의 지방 영토를 다스리고 권력을 행사했던 유력자-역주)가 출현했고, 1582년(덴쇼 10년)에는 오토모 소린을 필두로 하는 이른바 크리스찬 다이묘의 대리인으로서 이토 만치오를 비롯한 소년 네 명이 유럽으로 파견되었다. 그들은 갈 때와 돌아올 때 모두 고아에 들러 잠시 체류했다. 식사에 관한 기록은 남기지 않았으나 필시 카레도 먹었을 것이고, 적어도 빈달루의 기초가 된 카르니

드 비냐달로스를 먹었을 것임에 틀림없다.

사실 그들은 갈 때 스리랑카의 콜롬보에 들렀고 그곳에서 인도 최남단의 코모린곶을 돌려다가 조난할 위기에 처하는 등, 우여곡절 끝에 겨우 코로만델 해안의 남단에 상륙한다. 그 후에는 육로로 서쪽의 말라바르 해안까지 갔고, 그곳에서 배로 고아에 들어간다. 따라서 그들은 도중에 남인도의 삼바르나 라삼 또는 케랄라에서 피쉬 카레를 먹었을 수밖에 없다.

그들이 체재한 때는 고아가 전성기를 누렸던 시기로, 그곳에는 포르투갈 부왕의 이름을 지닌 총독관과 수많은 교회를 비롯한 포르투갈풍의 건물이 줄지어 늘어서 있었는데, 그 아름다움이 리스본을 훌쩍 뛰어넘었다고 할 정도이다. 하지만 번영도 역병의 유행과 네덜란드 및 그 외 새로운 유럽 세력의 진출로 기울어지기 시작했고, 18세기 후반이 되면 도시는 이윽고 버려져 폐허로 변하고 만다. 주민은 마찬가지로 만도비강의 남쪽 연안에 위치하는 하구와 가까운 파나지로 이주했고, 현재는 그곳이 고아의 중심지가 된 상태이다.

세 대성당

16~17세기에 번영한 고아는 지금은 베야 고아(구 고아)라고 불리며, 쇠퇴하긴 했으나 희고 아름다운 세 대성당과 사비에르의 유체가 안치되어 있는 봄 지저스 교회 등, 덴쇼 소년 사절이 보았을 몇몇 건물이 현재도 그 모습을 보존하고 있다.

『포르투갈인 동양 항해기』를 저술한 네덜란드인 린스호턴도 16세기 말 고아에 체재했다. 그는 1583년에 고아 대주교로 임명된 폰세카의 시종으로 왔으며, 일본에서 고아로 온 소년들에 대한 기록도 남겼다. 식사에 관한 기록은 별로 남기지 않았으나, 포르투갈인 여성이 빵을 별로 먹지

봄 지저스 교회와 내
부에 있는 사비에르
의 초상화

고아 중앙 거리의 시장 풍경(린스호턴의 자필 삽화)

않는 것에 관하여 다음과 같이 기술했다.

　빵 식사가 돈이 많이 들어서 그러는 게 아니라 빵은 잔뜩 있지만 빵을 먹고 싶은 마음이 전혀 들지 않을 만큼 쌀 식사에 적응하였기 때문이다. 쌀은 물을 부어서 짓고, 자반이나 망가라고 칭하는 소금에 절인 과일(망고 절임)을 곁들이거나, 또는 생선이나 고기를 넣고 푹 끓인 국(카레 국물을 말함)을 부어서 그것을 손으로 먹는다.

　이 책에는 5년에 걸친 체재 기간 동안 그가 모은 동양 전반과 포르투갈 진출에 관한 정보가 가득 담겨 있어 17세기에 네덜란드가 동양에 진출하는 데 큰 역할을 했다.

브라만 여성의 사티(린스호턴의 자필 삽화)

인도에 관해서도 브라만 사이에서 행해진 사티, 즉 죽은 남편의 시신을 화장하는 불길 속에 몸을 던져 아내도 죽는 풍습과, 귀족이자 전사인 나이로(나야르 카스트) 남성은 평생 아내를 가지지 않는 풍습 등, 그의 눈에 기이하게 비친 것들이 다수 기록되어 있다.

참고로 나야르 카스트는 모계제 풍습을 갖고 있는데, 20세기 초까지 부부가 따로 살며 남편이 밤에 아내의 처소에 드나드는 풍습을 지켜왔다. 사티는 1829년에 법령으로 금지되었지만, 실제로는 그 후에도 행해졌으며, 최근 1987년에는 18살 된 루프 칸와르에게 행한 사례가 큰 사회문제가 됐었다.

만도비강(배는 카지노 장으로 꾸며져 있다)

린스호턴은 그 밖에 식물과 광물에 관해서도 상당히 상세한 기술을 남겼으며, 캐슈(넛)에 관해서도 썼는데, 신기하게도 그것으로 만드는 페니라는 술에 관한 기록은 없다. 오늘날 페니는 고아를 대표하는 지역주라고 할 수 있으며, 파나지 도시에는 도처에 바가 있어 대낮부터 사람들이 페니를 마신다. 인도에는 힌두교의 전통 또는 간디의 영향으로 레스토랑 등에서의 금주를 지키는 곳이 많지만, 고아에는 술과 식사를 즐기는 풍습이 포르투갈의 전통으로서 남아 있다.

여기에서 고아의 카레를 소개하겠다. 먼저 빈달루이다. 처음에 설명한 바와 같이 빈달루는 포르투갈 요리 카르니

포크 빈달루(왼쪽 아래)와 그 재료(위)와 밥(오른쪽 아래)

드 비냐달로스에서 유래했으며, 와인 비네거를 넉넉하게
넣어 맛을 내는 요리로 여러 가지 고기를 쓴다. 여기에서
는 사람들이 가장 선호하는 돼지고기 메뉴로 살펴보겠다.
고아 요리 해설책에 따르면 물 대신에 와인 비네거를 이
용하여 드라이 타입, 즉 조림으로 만드는 것이 기본이라고
한다. 보존에 적합해서 여행용 도시락 음식으로 이용하는
사람이 많다고 한다. 하지만 파나지에 옛날부터 있던 만
도비 호텔 등에서는 사진으로 보는 것처럼 국 타입으로 나
온다.

포크 빈달루(출처 : M. T. 메네제스의 책)

재료

돼지고기 500g, 중간 크기의 양파 1개, 마늘 1쪽, 생강 엄지손톱만큼, 와인 비네거 또는 식초 2큰술, 커민 파우더 1/2작은술, 칠리 파우더 1/2작은술, 터메릭 파우더 1/2작은술, 시나몬 1근, 클로브 8알, 블랙 페퍼 10알, 설탕 1/2작은술, 소금 1작은술 조금 안 되게.

만드는 법

1 고기는 데굴데굴하게 썬 후 물기를 닦아둔다.
2 양파는 다지고, 마늘과 생강은 갈고, 터메릭, 커민, 칠리 파우더, 소금, 설탕, 식초를 섞어서 고기에 스며들도록 잘 문지른 다음, 12시간 동안 그대로 둔다.
3 두꺼운 냄비에 국물과 함께 고기를 넣고, 뚜껑을 딱 맞게 덮은 후 약불에서 끓인다.
4 타지 않도록 저어주고, 때때로 식초 또는 물을 추가해 주면 좋다.
5 고기가 반쯤 부드러워지면, 시나몬, 클로브, 블랙 페퍼를 추가하고, 충분히 부드러워질 때까지 더 끓인다.

위의 레시피가 기본이지만, 밥과 함께 먹기 좋게 국물의 양을 늘리고 싶다면 3의 단계에서 중간 크기의 토마토 1개 다진 것을 추가해보자.

과자의 왕, 버빈카

　고아에서는 당연히 피쉬 카레도 왕성하게 만들어 먹고, 올리브 오일과 와인 비네거를 이용하여 포르투갈풍의 풍미를 잘 살리는 듯한데, 피쉬 카레는 제6장과 제8장에서 상세하게 다루었으므로 여기에서는 과자를 소개하도록 하겠다. 고아 사람들은 단 음식을 무척 좋아하는지 파티할 때 여러 종류의 디저트를 만들고, 일상적으로 식사할 때도 빼놓지 않고 먹는다.

　그런 고아 사람들이 과자의 왕이라고 칭하는 것이 버빈카이다. '코코넛 열매에서 진한 밀크와 연한 밀크를 채취하여 어쩌구 저쩌구……'라며 일본에서는 쉽사리 할 수 없는 요구를 하기 때문에 순식간에 만들어낼 수는 없다. 그래도 간단하게 설명해보자면, 코코넛 밀크 듬뿍과 밀가루, 설탕, 난황, 기를 섞어 얇은 핫케이크 모양으로 여러 장 구워낸 후, 그 사이사이에 마찬가지로 조당과 기를 듬뿍 발라 여러 층으로 겹겹이 쌓은 묵직하고 달콤한 디저트이다. 조당과 기로 만들어진 층은 짙은 갈색으로 물들기 때문에 하얀 층과 갈색 층이 교차로 나타난다. 카스테라도 원래 포르투갈 과자이고 상당히 리치하지만, 인도에 들어와 완성된 버빈카에는 상대가 안 된다.

이쯤에서 화제를 바꾸어서, 다시 한번 왕의 식탁을 살펴보겠다.

데칸 남서부에 위치하는 북카르나타카 지방은 고아 뒤쪽에 우뚝 솟아 있는 서고트산맥 저편의 내륙부에 해당하며, 10세기 말부터 12세기 말까지 후기 찰루키아 왕조의 지배하에 있었다. 왕 중에서 12세기 전반을 통치한 소메슈와라 3세는 『마나솔라사Manasollasa(마음의 상쾌)』로 알려진 산스크리트어책의 저자로 일컬어지는데, 100장(章)으로 이루어진 이 책은 한 장을 요리에 관한 기술로 할애하고 있다. 베지테리언과 논베지테리언 양쪽의 요리를 모두 소개하고 있으며, 베지테리언 부분에서는 전술한 이들리와 도사이가 각각 이다리카idarika와 도사카dhosaka라고 기록되어 있다. 두 가지 모두 콩으로 만들었다고 되어 있으며, 쌀가루는 사용하지 않은 듯하다.

하지만 왕은 고기 요리를 좋아했는지 고기 요리에 페이지를 많이 할애했다. 그중에는 강변에 사는 쥐 요리, 거북이 통구이 등, 보통 사람이라면 먹지 않을 법한 요리도 포함되어 있다.

카바찬데라는 고기 요리는 자두 모양으로 잘라낸 머튼을 콩 또는 싹이 난 뭉(녹두) 콩나물, 잘게 으깬 혼합 스파이스, 갈릭, 양파, 가지와 무(래디시)와 같은 야채와 함께 볶는다고 되어 있다. 바디투라카라는 요리는 오늘날의 케밥 같은 요리로 고기 조각에 구멍을 뚫고 스파이스를 채워 꼬치구이한다. 이를 또 여러 차례 스파이스에 담갔다가 말리고 그 후에 기로 튀겨낸다고 한다. 참으로 손이 많이 가는 조리법이 아닐 수 없다. 소메슈와라는 상당한 미식가였던 듯하다.

『마나솔라사』에 이들리나 도사이를 콩가루로 만든다고

나오는 것은 서부 데칸이 쌀 생산 지대가 아니라 잡곡 생산 지대이기 때문일 것이다.

인도의 쌀 생산 지대는 전술한 바와 같이 갠지스강 중하류 유역과 남인도의 두 곳에 펼쳐져 있는 동부 해안 평야로, 그곳에서는 당연히 쌀이 주식이다. 그러나 그 외의 지역에서도 쌀을 먹을 수 없는 것은 아니며, 무굴 궁정 요리에 대해 설명한 부분(제5장)에서 소개한 비리야니도 쌀을 이용한 요리이고, 남해 제국에 관한 중국의 기록(14세기에 쓰인 『도이지략島夷誌略』)에 따르면 쌀이 많이 생산되지 않은 케랄라에서는 쌀을 동해안의 오디샤 지방에서 수입했다고 한다.

그리고 갠지스강 중하류 유역을 제외한 북인도는 중국의 승려 의정이 말한 것처럼(제2장) 밀 생산 지역이며, 그곳의 주식은 로티라고 총칭하는 밀가루로 만드는 빵 형태의 것이다.

그중 하나인 난은 앞서 제5장에서 설명한 바와 같이 정제한 밀가루를 물로 반죽하여 발효시킨 후 흙 화덕 탄두르에서 구워낸다.

반면, 주로 북인도에서 지극히 평범하게 주식으로 가정

차파티의 생지를 반죽하는 모습

에서 만들 수 있는 차파티는 아따라는 통밀가루를 물과 소량의 기로 반죽한 다음, 동글 납작하게 만들어 철판에서 구워낸다. 흔히 차파티를 잘 구워야 시집갈 준비가 다 된 거라며 어머니들은 딸에게 차파티 만드는 법을 확실하게 교육시킨다.

숙련된 사람이 구운 차파티는 공처럼 절묘하게 부풀어 오른다. 차파티에는 여러 가지 비슷한 동류가 있다. 차파티 생지에 기를 발라 몇 겹으로, 경우에 따라서는 삼각형으로 접어 굽는 것을 파라타라고 한다.

차파티 생지 또는 정제한 밀가루로 만든 생지를 차파티

차파티 생지를 늘린다   직화로 구워 부풀린다

보다 작게 만들어 기름으로 튀겨낸 것은 푸리puri이다. 푸리도 기름의 열로 인해 부풀어 오른다.

인도의 정식은 탈리thali라고 한다. 동그란 스테인레스 쟁반 위에, 마찬가지로 스테인레스제 작은 볼에 여러 종류의 반찬을 담아 쟁반 테두리에 빙 돌려 제공한다. 주식으로 먼저 갓 튀긴 푸리가 나오는데, 대개 쟁반 중앙에 담는 경우가 많다. 남인도의 경우에는 보통 그다음에 흰쌀밥을 수북하게 담고, 북인도의 경우에는 차파티나 파라타가 나온다.

푸리   탈리

　로티 중에서 흥미로운 것은 루말리(스카프 또는 보자기) 로
티인데, 탁구공만 한 크기의 도우를 두 손으로 찰싹찰싹
두드려 작은 접시 크기로 늘린 다음, 한 손의 손가락 끝으
로 빙글빙글 접시 돌리듯이 돌리면 순식간에 보자기처럼
동그랗고 얇은 빵이 된다. 때때로 빵을 공중으로 날렸다
가 받기도 한다. 그것을 펄럭하고 중국 냄비를 거꾸로 뒤
집어 놓은 듯한 동그란 철판에 올려 튀겨낸다. 요리사의
실력을 볼 수 있는 광경으로 질릴 줄 모르고 구경하게 된
다. 맛은 퍼석퍼석한 크레이프 같아서 카레 요리를 사이

사모사

에 넣어 먹기에 딱 적당하다.

또 로티의 동류에 야채를 반죽하여 넣는 것도 있다. 예를 들어 감자를 넣은 알루 키 로티, 콜리플라워를 넣은 고비 키 로티 등은 별미이다. 로티와 같은 생지에 스파이스를 넣고 볶은 감자나 완두콩 등의 재료를 담아 삼각형으로 튀겨내는 사모사도 같은 부류인데, 이는 곧잘 간식으로 제공된다. 사모사 중에는 새우나 저민 고기를 넣은 것도 있다.

이 중에서 가장 손쉽게 만들 수 있는 차파티 만드는 법

차파티(C.솔로몬의 책을 참고하여 기재)

재료 ——————
통밀가루 3컵, 소금 1작은술하고 조금 더, 기 또는 샐러드 유 1큰술, 미지근한 물 1컵.

만드는 법 ——————
1 볼에 밀가루(나중에 반죽을 펼 때도 사용할 것이므로 조금 남겨둔 다), 소금, 기를 넣고 잘 섞는다.
2 물을 한 번에 들이붓고 전체적으로 대충 섞은 다음, 손 바닥이나 주먹으로 눌러가며 10분 이상 꼼꼼하게 반죽 한다. 귓불 정도로 부드러워지면 반죽을 동그랗게 모은 후 랩을 씌워 1시간 동안 숙성시킨다. 이때 충분히 숙성 시키면(예를 들어 하룻밤) 더욱 부드럽게 완성된다.
3 반죽을 큼직한 호두 크기로 나눈 다음, 밀가루를 뿌린 도마 위에서 균등한 크기로 동글납작하게 늘린다. 두께 는 2mm 정도가 적당하다.
4 프라이팬이 충분히 예열되면 불을 약불로 줄인다.
5 3을 한 장 넣고 1분간 굽고, 뒤집어서 또 1분간 굽는다. 이때 동그랗게 뭉친 행주로 차파티 주변부를 빙 돌아가 면서 눌러주면 중앙이 부풀어 올라 부드럽게 완성된다. 또 프라이팬에서 꺼내 직화에 직접 올리면 빵빵하게 부 풀어 오른다. 이때 공처럼 동그랗게 부풀어 오르면 최 고로 잘 구워진 것이다.
6 식지 않도록 구워진 순서대로 마른행주로 감싼다.
7 싸서 먹을 수 있도록 수분이 적은 요리와 함께 식탁에 낸다.

소젖을 짜는 여인과 저자가 살았던 집

을 게재했다.

　중세 카르나타카 지방의 궁정 요리에서는 이들리와 도사이를 콩가루로 만들었다. 데칸고원은 기본적으로 잡곡 생산 지대이며, 옥수수와 진주조 등이 주식이다. 이들을 가루로 빻아 로티를 만들거나 죽을 만들어 먹기도 하나,

이뚜를 만들어 먹는 모습

대개는 이뚜라고 불리는 경단으로 만들어 먹는다.

나는 이것을 먹은 기억이 없는데, 가루에 스파이스와 뜨거운 물을 넣고 저으며 가열하다가 어느 정도 굳으면 손으로 뭉쳐 경단 모양으로 만들어, 콩과 잎채소와 스파이스로 만든 수프를 찍어 먹는다.

마이소르에 살았을 때 매일 아침 암소를 데리고 우리 집에 우유를 짜러 왔던 아주머니가 아내와 아이들을 그녀의 집(오두막)에 초대한 적이 있다. 그때 대접해준 게 바로 이뚜였다. 찍어 먹으라며 술잔만큼 작은 그릇에 유달리 맵고 건더기는 거의 없는 국물을 내주었다고 한다. 아내는 돌아와서 "그들의 빈곤한 생활상이 엿보여 코끝이 찡했어"라고 했다.

.

마두라 교수와 저자(콜카타의 레스토랑에서)

제8장 카레로 이어진 벵골과 일본
─갠지스강과 생선

벵골의 중심지이자 과거 영국의 식민지였던 인도 제국의 수도이기도 한 캘커타(현 콜카타)는 내가 유학했을 때 처음으로 발을 들인 도시이다. 유학처인 마드라스(현 첸나이)로 가는 비행기 편이 그 이튿날밖에 없어 도쿄에서 출발한 에어인디아가 숙박비를 내주어 가장 훌륭한 그랜드 호텔에서 하룻밤을 묵었다. 이튿날 아침에 일어났을 때 거리에서 까마귀 떼가 시끄럽게 깍깍 울어댔던 것이 기억에 인상 깊게 남아 있다. 안타깝게도 그때 어떤 요리를 먹었는지는 기억에 없다.

하지만 캘커타는 메이지 시대(1868년~1912년)부터 일본과 깊은 교류가 있던 도시이며, 그 교류에는 사실 카레라이스도 포함되어 있다.

벵골에는 보스라는 이름이 많다. 요즘 젊은 사람은 별로 들어본 적이 없을 수도 있지만, 과거 일본에서도 유명했던 보스가 두 명 있다. 두 사람 모두 인도 독립을 위하여 싸운 투사로, 태평양 전쟁 당시 일본과 협력하여 '인도국민군'을 창설하고 영국과 싸웠다.

그중의 한 명인 수바스 찬드라 보스는 제2차 세계대전 중에 잠수함을 갈아타며 독일에서 일본으로 건너와 자유

라쉬 비하리 보스(왼쪽, 나카무라야 제공)와 수바스 찬드라 보스의 동상(오른쪽, 콜카타)

인도임시정부의 수장이 되었고, 그 후 일본군이 인도를 목표로 진격했을 때 임팔 작전에도 참가하는 등, 인도에서 영웅으로 유명하다. 또 다른 한 명인 라쉬 비하리 보스는 '인도국민군'의 창설에 관여하는 등, 이 사람도 마찬가지로 중요한 역할을 수행했으나 일본에서는 오히려 '나카무라야의 보스'로 유명하다. 그가 바로 '나카무라야中村屋 카레'의 창시자이자 일본 식문화사에 이름을 남긴 인물이다.

라쉬 비하리 보스는 캘커타에서 당시의 인도 총독 찰스

하딩에게 폭탄을 던지는 등의 사건을 일으킨 후 은밀하게 일본으로 건너왔다. 국가주의자 도야마 미쓰루의 조력을 얻어 신주쿠에서 요리점 나카무라야를 경영하는 소마 아이조와 곳코 부부의 거처에서 몰래 숨어지냈으며, 부부의 장녀 도시코를 아내로 맞이했다.

도시코는 젊은 나이에 죽었지만, 1927년에 나카무라야가 레스토랑 개업을 앞두고 있었을 때 카레를 서양 요리로서가 아니라 본고장 인도의 맛을 전할 음식으로 판매할 것을 제안했고 그래서 오픈한 것이 '나카무라야 카레'였다. 본고장의 맛을 고집하며, 고기(투계용 닭의 일종인 샤모를 사용) 와 달걀은 자영 농장에서 생산한 것을 사용했고, 쌀과 야채도 엄선한 재료를 사용했으며, 요리를 제공할 때는 밥과 카레를 다른 그릇에 담는 등, 다양한 연구와 시도를 했다. 그 결과, 일반적인 카레의 가격이 10전이었던 데 비해 무려 80전이나 했음에도 불구하고 본고장의 맛을 추구한 점과 고급스러운 느낌 때문이었는지 큰 인기를 끌었다.

그는 초기에 일본인이 인도에 대한 잘못된 인식을 갖고 있는 것을 한탄했는데, 그것이 그로 하여금 본고장 카레를

라빈드라나트 타고르(하세가와 덴지로 씨 촬영)

일본에 소개하게 만들었다. 벵골을 통해 일본과 인도가 관계를 맺기 시작한 것은 그보다 훨씬 전으로 거슬러 올라간다. 이때 등장한 사람이 벵골이 낳은 문호이자 1913년에 아시아인 중에서 처음으로 노벨문학상을 수상한 라빈드라나트 타고르와 일본미술원 창설자 오카쿠라 덴신(본명은 오카쿠라 가쿠조)이다. 그들의 교류에 대하여 이야기하기 전에 당시 벵골의 정세에 대하여 대략적으로 살펴보겠다.

1911년에 지금부터 말할 불온한 상태가 계속된 벵골 땅을 피하고자 인도 제국의 수도를 델리로 옮기겠다고 선언했으나, 1931년에 새로운 수도 뉴델리의 건설이 완성될 때까지 캘커타는 계속 정치 경제의 중심지 역할을 했으며, 라쉬 비하리 보스가 총독을 습격하는 등의 인도 독립운동의 중심지였다.

'분할하여 통치하는 것'을 기본으로 한 영국은 무슬림이 많은 벵골을 무슬림 다수 거주 지역과 힌두교도 다수 거주 지역으로 각각 분할하여 양자를 대립시킴으로써 민중의 힘을 분산시키고자 1905년에 '벵골 분할령'을 발포했다. 이는 반대로 '인도국민회의파'의 활동을 중심으로 점점 뜨거워지고 있던 독립운동의 불에 기름을 부은 형국이 되어 당시 캘커타의 정세는 어수선했다. 동양의 소국 일본이 서양의 대국 러시아를 격파한 1904~1905년의 러일전쟁은 영국으로부터 독립하려던 이들을 크게 고무시켰다. 당시 캘커타 도시는 반데 마타람(어머니[인 인도]를 칭송하라!)이라는 애국가를 부르는 목소리가 울려퍼졌다.

투철한 지성의 소유자였던 오카쿠라 덴신이 캘커타를 방문한 시기는 1902년, 그야말로 벵골이 독립을 향하여 태동을 시작한 때다. 그는 그곳에서 문호 타고르, 나아가 뛰어난 종교인 스와미 비베카난다와 친분을 쌓았는데, 이것이 후에 일본미술원의 도시히데, 요코야마 다이칸, 히시다 슌소, 아라이 간포의 인도 방문으로 이어진다.

다이칸과 슌소는 덴신의 도움을 얻어 미얀마 근처의 팁페라(트리푸라) 왕국에 궁정 장식화를 그릴 목적으로 갔지만, 독립운동과의 연결성을 의심하는 영국 관헌의 방해로 목적을 달성치 못하고, 타고르의 집에서 임시로 거처하며 그림도 그리고 여행도 하다가 일본으로 돌아왔다.

그때 캘커타에서 그린 슌소의 그림 한 장을 나는 과거에 델리에서 본 적이 있다. 명상하는 시바에게 후일 아내가 되는 파르바티가 살며시 꽃을 올리는 모습을 그린 시정 넘치는 아름다운 그림이었다. 이를 통해 그들이 캘커타에서 충실한 시간을 보냈음을 엿볼 수 있었다. 하지만 자전을 남긴 다이칸도 인도 체재에 관한 글은 썼으나, 아쉽게도 식사에 관해서는 아무런 글도 남기지 않았다.

간포는 일본을 방문하여 일본화를 보고 감동한 타고르에게 초청받아 타고르의 집에서 거처하며 일본화를 가르치게 된다. 그가 남긴 『아미타원잡기阿弥陀院雜記』에도 식

콜카타의 뉴마켓

사에 관한 내용은 전혀 없지만, 먹는 방법에 대한 글은 남겼다.

　인도 사람들은 식사할 때 오른손으로 밥을 떼어내 뭉친 다음, 그것에 부식물을 섞어 입에 넣는다. 입에 넣는 방식에도 방법이 있다. 손가락 끝으로 섞은 후 중지로 음식물을 모아 엄지로 훑으면서 입으로 넣는데, 그 손놀림과 손가락을 움직이는 방식이 실로 미관상 훌륭하며, 일본인이 젓가락을 쓰는 것보다도 손가락의 움직임이 아름답다. 나는 그리할 수 없어 숟가락으로 먹었다. 숟가락으로는 음식물이 적절하게 섞이지 않고 음식에 숟가락 냄새도 배기 때문에 나중에는 가족들 흉내를 내어 손가락을 써보았더니 은근히 익숙해져 2년간 있는 사이에 아주 능숙해졌고, 이것은 나중의 이야기인데 집안사람들이 아라이 씨는 어디에 가더라도 인도식을 잘 먹을 수 있겠다며 인정해줄 정도가 되었다.

나도 마드라스 기숙사에서 생활하면서부터 인도식은 손으로 먹는 습관을 들였는데, 나잇살 꽤나 먹은 뚱뚱한 아저씨가 팔로 흘러내린 카레 국물을 낼름 하고 커다란 혀를 내밀어 아래에서 위로 핥는 모습을 보고 있자면 간포와는 적잖이 다른 느낌을 받게 된다. 타고르의 집은 최상류의 집안으로, 일족 중에는 한 번 만났던 덴신과 마음을 담은 편지를 오랫동안 주고받은 여류 시인 프리얌바다 데비처럼 지적이고 세련된 여성이 많았다. 확실히 그와 같은 아름다운 사람이 섬세하게 주의를 기울이며 손가락을 움직이는 모습은 간포의 말과 같다만.

그럼 벵골 카레에 대하여 설명하도록 하겠다. 이는 나와 아내의 개인적인 감상일지도 모르나, 인도 요리 중에서 벵골 요리가 일본인의 입맛에 가장 잘 맞는다. 나는 내가 역사를 전공하고 장기간 살았던 남인도의 요리를 정말로 맛있다고 생각하며 먹는다. 하지만 그 맛있음은 어딘가 다른 세계의 좋은 맛이라는 감각이다. 그런데 벵골 요리에서는 그런 식의 '다르다'는 감각이 느껴지지 않는다. 내가 지금껏 익숙하게 먹어온 세계의 음식으로서 맛있게 느껴진다.

이는 필시 벵골 문화, 벵골 사람, 즉 벵골 세계가 우리 또는 동아시아 사람에게 가지고 있는 친근감에서 연유하는 것이리라. 동아시아에서 출발한 비행기가 미얀마와 인도를 가르는 아라칸산맥을 넘으면 그곳에서 다른 세계가 나타난다. 인도는 우리하고는 문화권이 다르다. 하지만 그러한 인도 중에서 동쪽 끝에 위치하는 벵골만큼은 역사적으로 동남아시아 그리고 동아시아와 연결되는 요소를 계속 유지해온 게 아닐까?

벵골인의 얼굴 생김새도 물론 우리하고는 다르지만, 예를 들어 북서부 펀자브 지방 사람들의 얼굴 생김새와는 달리 어디선가 우리의 모습도 엿보인다. 벵골 카레는 그 사실을 나에게 다시금 인식시켜주는 존재이다.

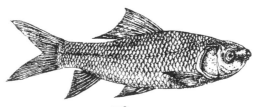
로후(루이)

벵골 카레라고 하면 먼저 피쉬 카레를 들 수 있다. 바닷물고기도 먹지만, 벵골에서 생선이라고 하면 그 땅에 커다란 삼각주를 형성하며 바다로 흘르드는 성스러운 대하 갠지스강과 그 지류, 또는 도처에 있는 연못과 호수에서 잡히는 민물고기를 의미한다. 비늘이 없는 보알이라는 생선도 즐겨 먹지만, 잉어와 비슷하게 생긴 로후(루이) 등이 벵골인이 추천하는 생선이다.

벵골 사람들은 이들 생선을 태고적부터 먹어왔다. 이곳에서는 브라만도 특별한 날을 제외하고는 생선을 먹는 것이 허락되며, 앞서 언급한 종교인 스와미 비베카난다도 피쉬 카레를 먹었다고 한다.

다만, 갠지스강은 상류에서 힌두교의 대성지 베날레스(바라나시)로 흘러든다. 그곳에는 그 땅에서 죽기를 바라며

갠지스 강변의 베나레스 가드

각지에서 사람들이 몰려들고, 강변에는 사체 화장터가 늘
어서 있다. 사체를 그곳에서 화장한 후 재를 강에 뿌린다.
그런데 장작값을 충분히 지불하지 못한 사람의 사체는 타
다 만 채로 강에 떠내려 보내는 일도 과거에는 있었다고
한다. 내 입장에서는 그 강에서 잡은 물고기는 다소 꺼림
칙한데, 인도인들은 전혀 개의치 않는다. 성스러운 강, 갠
지스의 물결은 모든 것을 '정화'시켜준다. 그래도 뱅골에
서 빈번하게 일어나는 홍수 후에는 익사한 동물 고기를 먹
어서 물고기의 가격이 내려가기도 한다. 하지만 뱅골의

목욕재계하는 모습

피쉬 카레는 실로 맛있고, 우리 입맛에 잘 맞는다.

여기에서 바로 그 피쉬 카레, 사브지(야채볶음찜 요리), 그리고 달콤한 디저트 로쇼골라(라스굴라)를 소개하겠다. 모두 마이소르에 살았을 때 옆집에 살던 벵골 출신의 마줌다르 부인이 가르쳐준 것이다.

가지는 남인도의 삼바르에도 넣을 수 있고, 인도 각지에서 많이 쓰는 야채 중의 하나인데, 동부 인도, 즉 벵골 또는 아삼 지방이 원산지라고 한다. 그래서인지 벵골 요리에는 그야말로 다양한 가지 레퍼토리가 있다. 또 카레에

마체르 졸(피쉬 카레)(마줌다르 부인의 레시피)

재료 ————

생선(고등어, 병어 등 자신이 좋아하는 생선) 400g, 소금 1작은술, 터메릭 2작은술, 칠리 파우더 1/2작은술, 간 생강 1작은술, 간 마늘 1/2작은술하고 조금 더, 겨자유 4큰술, 양파 슬라이스 1개 분량, 월계수 잎 2장, 커다란 토마토 서글서글하게 썬 것 1개 분량, 가람 마살라 1작은술, 그린 칠리 4개, 코리앤더 잎(고수) 조금.

만드는 법 ————

1 생선은 약간 큼직하게 토막 낸다.
2 소금, 터메릭, 칠리 파우더, 생강, 마늘을 생선에 바른다.
3 두꺼운 냄비에 오일을 두르고 2의 표면이 확실하게 노릇해질 때까지 볶은 다음, 다른 그릇에 옮겨 담아 둔다.
4 냄비에 남은 오일로 양파를 갈색이 될 때까지 천천히 볶는다.
5 월계수 잎을 추가하여 향을 낸 후 토마토와 가람 마살라를 넣어 소스 상태로 만든다.
6 생선을 다시 냄비에 넣고, 그린 칠리를 추가하고, 소금으로 간을 한 후 5분간 끓인다.
7 코리앤더 잎을 뿌리고 식탁에 낸다.

토마토 대신에 요구르트 1컵을 넣어도 된다. 벵골 생선 요리에는 보통 가람 마살라를 쓰지 않는 듯한데, 여기에서는 마줌다르 부인의 레시피에 따랐다.

생선은 내장을 제거한 전갱이나 조기 등의 작은 생선도 좋고, 똑같은 방법으로 새우를 넣어 만들 수도 있다. 등 푸른 생선으로 만들 경우에는 생강을 넉넉하게 넣고, 새우로 만들 경우에는 커민 파우더를 추가하면 좋다.

마체르 졸

결코 빠질 수 없는 스파이스 강황(터메릭)도 동부 인도가 원산지이다. 강황은 요리에 이용될 뿐 아니라 여성은 미용과 건강을 위해 피부에 바르기도 하고, 나아가 노란색에는 길상의 의미가 있어서 결혼식 안내장 등 경사스러운 소식의 네 귀퉁이를 강황으로 노랗게 칠하기도 한다.

가지와 강황은 인도 아대륙에 거주하는 언어 민족 중에서 아리아 민족이나 드라비다 민족과 달리 동남아시아로 이어지는 오스트로아시아 민족과의 연결성이 강하다고 여겨지는데, 인도 문화의 다원성을 보여주는 것이라 하겠다.

그건 그렇고, 벵골에 관한 글을 쓰며 영화감독 사티아지트 라이에 대하여 언급하지 않을 순 없다. 과거에 내가 방송대학 프로그램 '남아시아의 문화를 배우다'를 만들었을 때 첸나이에서 타밀 영화의 여배우 겸 감독으로 유명한 수하시니 여사를 인터뷰한 적이 있다. 그때 존경하는 영화감독에 대하여 물었는데, 그녀가 처음으로 말한 감독의 이름이 사티아지트 라이였고, 두 번째로 언급한 사람이 구로사와 아키라였다. 세 번째는 분명히 이탈리아 영화「자전거 도둑Ladri di Biciclette」의 감독 비토리오 데 시카였던 거로 기억한다.

가지 요리(사부지) (마줌다르 부인의 레시피)

재료

가지(black beauty eggplant) 400g, 샐러드유 2큰술, 작은 양파 1개, 마늘 1쪽, 생강 엄지손톱만큼, 터메릭 1작은술, 코리앤더 1/2작은술, 커민 1작은술, 칠리 파우더 1/2작은술, 중간 크기의 토마토 1개, 소금 1작은술, 그린 칠리 5개.

만드는 법

1 가지는 세로로 반으로 가른 다음, 1.5cm 폭으로 가로로 잘라 물에 담가둔다.
2 양파는 슬라이스하고, 마늘과 생강은 다져둔다.
3 두꺼운 냄비에 샐러드유를 두르고, 양파, 마늘, 생강을 갈색이 될 때까지 천천히 볶는다.
4 터메릭, 코리앤더, 커민, 칠리 파우더를 추가하여 향을 낸다.
5 물기를 제거한 가지를 넣고, 노르스름해질 때까지 볶는다.
6 다진 토마토, 소금, 대충 썬 그린 칠리를 추가한 후 불을 약불로 줄이고, 물기가 거의 없어질 때까지 푹 끓인다.

마찬가지 방식으로 가지 대신에 콜리플라워나 오쿠라, 여주 등을 넣고 만들 수도 있다.

가지 요리(왼쪽 사진에서는 중앙의 밥 위)

로쇼골라(마줌다르 부인의 레시피)

재료 ———

우유 5컵, 레몬즙 1개 분량, 밀가루 2작은술, 베이킹소다 1 꼬집, 설탕 1.5컵, 물 3컵, 카다몬 7~8알, 슬라이스 아몬드 또는 슬라이스 피스타치오 1큰술, 로즈 에센스 몇 방울.

만드는 법 ———

1 큰 냄비에 우유를 넣고 끓인다.
2 우유가 끓어오르면 레몬즙을 넣고 중불에서 섞어주면 서 천천히 응고시킨다.
3 수분과 분리되면 뚜껑을 덮고 15분간 그대로 두었다가, 행주 위에 올려놓고 약 20분간 수분을 제거한다.
4 물기가 더 이상 떨어지지 않게 되면 볼에 담아 5분간 강 하게 반죽한다.
5 밀가루와 베이킹소다를 넣고 부드럽게 그리고 손에 기 름기가 묻어날 때까지 더 반죽한다.
6 반죽을 10등분하여 공처럼 동그랗게 만든다.
7 냄비에 분량의 설탕과 물과 카다몬 알갱이를 넣고, 섞 어주면서 5분간 끓인다.
8 그중에서 1컵을 다른 냄비에 옮기고, 6이 찰랑찰랑하게 잠길 만큼 물을 붓고 끓으면 6을 살포시 넣고 끓인다. 살짝 부풀어 오르므로 여유 있게 넣어주면 좋다. 눌러봤 을 때 스폰지처럼 굳었으면 꺼내서 7의 시럽에 담근다.
9 로즈 에센스를 몇 방울 떨어트리고, 상온에서 하룻밤 동안 숙성시킨다.
10 슬라이스 아몬드나 피스타치오로 장식하고 식탁에 낸다.

라이도 데 시카의 네오리얼리즘의 흐름을 타면서 동시에 구로사와와 마찬가지로 오락성을 중시한 영화를 만든 감독이다. 대표작은 칸영화제 특별수상작 「길의 노래 Pather Panchali」로 시작하는 3부작인데, 일본에서도 상영한 「먼 우레Distant Thunder」도 잊을 수 없다.

「먼 우레」는 제2차 세계대전 말, 일본이 앞서 언급한 임팔 작전을 펼쳤을 당시 캘커타를 무대로 한 영화이다. 일본은 미얀마에서 인도로 침입하고자 '인도국민국'과 협력하여 작전을 전개했다. 이를 저지하기 위해 영국은 아삼 지방의 논과 밭을 망가트려 일본군의 군량을 끊으려는 작전에 나섰다. 작전은 성공했지만, 동시에 뱅골 지방의 식량도 빼앗은 결과를 낳았다. 그로 인해 뱅골은 미증유의 식량 위기에 빠졌고, 실로 300만 명 가까운 사람이 굶어 죽었다고 전해진다. 사람들은 먹을 것을 구하기 위해 캘커타로 밀려들었다. 영화는 어느 브라만 일가에 자신들도 식량이 없는데 친척, 지인 그리고 얼굴 한 번 본 적 없는 생판남까지 밀려드는 상황을 냉담한 눈으로 그려냈다.

거기에서는 카레가 어쩌고 생선이 어쩌고 할 상황이 아니라 피 한 줌, 감자 한 조각을 서로 먹으려고 싸운다. 고

영화 「먼 우레」의 한 장면

아의 빈달루, 무굴의 비리야니, 벵골의 로쇼골라 등 먹음
직스러운 요리에 대해 쓸 때 내 머릿속을 스치고 지나간
것이 바로 이 '먼 우레'의 한 장면이었다.

이와 같은 일은 지금도 일어날 수 있는 일이고, 전쟁이
계속되고 있는 파키스탄과 이제 막 종전된 스리랑카에서
는 지금도 벌어지고 있는 현실이다. 그렇지 않더라도 피
로 만든 경단을 카레라고도 할 수 없는 국물에 찍어 먹는
게 일상인 경제 발전에서 뒤처진 사람들은, 급성장 중이라
곤 하나 인도에 여전히 많다.

몰디브 피쉬

제9장 매운 스리랑카 카레와
몰디브의 가다랑어포

스리랑카의 콜롬보대학 대학원에서 객원교수로 일했던 1996년, 숙소 방에서 일하는데 '콰앙!' 하는 메마르지만 총성보다 훨씬 무게감 있는 소리를 듣고 밖으로 나와 아내와 서로 얼굴을 쳐다보았다.

숙소는 대학에서 가까운 한적하고 조용한 주택가에 있었는데, 콜롬보 해안을 남북으로 달리는 간선도로 갈레 로드에서도 가까워, 당황하여 거기까지 나가보니 약 2킬로미터가량 떨어진 도시 중심부에서 연기가 피어올랐고, 이윽고 그쪽에서 자동차와 택시로 피 흘리는 부상자가 차례로 실려 왔다. 이른바 타밀 게릴라라는 세력의 자폭 행위로 중앙은행 건물이 파괴된 것이었다. 사망자 약 90명, 부상자 약 1000명 이상을 낸 대참사였다.

스리랑카 인구의 약 4분의 1을 점하는 타밀족은 일부의 무슬림과 크리스찬을 제외하면 거의 힌두교도이고, 인구의 약 4분의 3을 점하는 신할리족은 일부의 크리스찬을 제외하면 거의 불교도이다. 그리고 신할리족이 쓰는 신할리어는 북인도에서 쓰는 힌두어와 벵골어 등과 같은 아리아 계통의 언어에 속하고, 타밀족이 쓰는 타밀어는 이미 설명한 바와 같이 신할리어와는 달리 드라비다 계통의 언

LTTE를 이끈 프라바카란(2009년 5월 전투로 사망. ⓒAFP=시사)

어에 속한다. 스리랑카에서는 이와 같이 언어와 종교가
서로 다른 신할리족과 타밀족 간에 심각한 민족 분쟁이 일
어나고 있다.

　인도에서 타밀어를 쓰는 곳은 반도의 동북부, 그리고 스
리랑카와 섬이 줄지어 늘어선 애덤스브리지로 이어진 타
밀나두주이므로 스리랑카에서 타밀어를 쓰는 것은 이상
한 일이 아니다. 하지만 어째서 아리아 계통에 속하는 언
어를 쓰는 걸까? 그것은 이 언어를 쓰는 민족이 고대 북인
도에서 이주해왔기 때문이다.

불교 전설에 따르면 북인도, 아마도 갠지스강 유역에 있던 것으로 추정되는 왕국에서 어느 난폭한 왕자가 추방되었고, 그 왕자를 태운 배는 이리저리 떠돌다가 스리랑카로 흘러들었다. 그는 남인도의 판디야 왕가에서 아내를 맞이했지만 아이가 생기지 않았다. 나중에 마찬가지로 떠돌다가 스리랑카로 흘러든 남동생이 붓다와 같은 샤카족의 왕녀와 결혼하여 뒤를 이었고, 그 자손이 신할족이 되었다고 한다. 제2장에서 기술한 스리랑카로 건너와 수파(즉 카레)와 함께 밥을 먹었다는 비자야 왕자가 바로 이 왕자이다.

이와 같이 스리랑카의 언어와 전통은 북인도와 밀접하게 연결되어 있지만, 스리랑카의 식문화는 남인도의 카레와 밀착되어 있다. 우유도 다용하지만, 중요한 역할을 하는 것은 우유가 아니라 야자나무에서 얻는 코코넛 밀크이다. 요리에 코코넛을 다용하는 것은 케랄라의 특징인데, 어째서인지 스리랑카 문화는 코모린곶을 둘러싼 아라비아해 쪽의 케랄라 문화 요소와 연관된 것이 많다. 후술하겠지만 케랄라 앞의 먼바다, 즉 아라비아해에 점재하는, 젊은이들이 신혼여행으로 가거나 다이빙하러 많이 가는 몰디브 제도하고도 깊이 관련되어 있다.

하던 이야기로 돌아가서, 민족 분쟁의 발단은 1948년에 독립한 후 1956년에 실시한 총선거로 거슬러 올라간다. 독립 후 수상이 된 사람은 통일국민당의 당수 세나나야케인데, 그는 언어, 종교, 카스트 등으로 분단된 스리랑카 사회를 통일하고 국민 국가를 설립하고자 했다. 하지만 사회의 움직임은 그와는 달랐다. 당시 스리랑카 사회는 농업에 종사하는 신할리족 고이가마 카스트(불교도)가 거주하는 고지(중앙 고지)와, 상업과 어업에 종사하는 신할리족과 타밀족의 여러 카스트(종교적으로는 불교, 힌두교, 이슬람교, 그리스도교 등 다양)가 거주하는 저지(서해안)로 크게 양분되어 있었다. 그리고 식민지 경제에 동원되어 발전한 저지와 달리, 뒤처진 고지의 신할리족은 불만이 증폭된 상태였다.

통일국민당에서 나와 스리랑카자유당을 조직한 반다라나이케는 1956년 총선거 때 이 고지 신할리족의 불만을 풀어주기 위해 스리랑카(당시에는 아직까지 세일론이라 칭했으며, 1972년에 스리랑카로 국명을 변경)의 국어를 오로지 신할리어 하나로 하는 '신할리 온니 정책'을 내걸고 투쟁했다. 국가시험 및 취업 등의 모든 면에서 신할리족이 우대될 정책이었다. 그는 압승을 거두었다.

하지만 이는 타밀족에 대한 차별이라며 타밀족의 격한 분노를 샀고, 이를 기점으로 스리랑카는 민족 분쟁에 돌입한다. 그 후 통일국민당과 스리랑카자유당 사이에서 정권 교대가 이루어졌지만, 타밀족에 대한 차별 정책은 일관되게 변하지 않았으며, 1972년에 제정된 헌법으로 신할리어에만 공용어의 지휘가 부여되었고, 불교를 특별 보호하기로 한다.

이때부터 분쟁은 격화되었고, LTTE(타밀엘람해방호랑이. 엘람은 타밀어로 스리랑카를 가리킨다) 등의 타밀족 게릴라 조직과 스리랑카 정부군 간의 무력 투쟁으로 발전했다. 1983년에는 콜롬보에서 대폭동이 일어났고, 1987년에는 인도에서 인도평화유지군이 파견되었으며, 1988년에는 타밀어에도 공용어의 지위가 부여되는 등의 변화도 있었지만, 결과적으로 분쟁을 해결하지는 못했다.

내가 콜롬보에 체재했던 1995~1996년은 게릴라 활동이 왕성했던 시기로 중앙은행이 파괴되었을 뿐 아니라 공항 근처의 가솔린 탱크가 게릴라의 습격으로 불타오르기도 했다. 그때 나는 싱가포르 공항에서 이제 막 콜롬보행 항공기에 탑승하려던 차였고, 맹렬하게 불길이 활활 솟구치

무르간(왼쪽)과 카타라가마(오른쪽)

는 영상을 대합실 TV로 보고 아연실색했다. 다행히 비행기는 계엄령이 선포된 가운데 무사히 도착했지만, 검은 연기는 사흘이 지난 후에도 계속 피어올랐다.

이 대립은 신할리족 민족주의자에 따르면 기원전부터 이어져 왔다고 하는데, 역사적으로는 그렇지 않다. 11세기에 남인도 타밀족 왕조인 촐라 왕조가 스리랑카에 침입하여 신할라 왕조의 수도 아누라다푸라를 함락하고 폴로나루와를 기지로 스리랑카 북부를 지배했던 시기가 있는데, 이는 왕조끼리의 전쟁으로, 신할라 왕조는 같은 남인도 타밀족의 판디야 왕조와 손을 잡고 촐라 왕조에 대항했다. 반대로 촐라 왕조와 손을 잡으려 한 판디야 왕을 공격하려 신할라 왕조군이 남인도를 침입한 적도 있어서, 이 군대 세력이 촐라 왕조의 땅에 들어오지 않게 해달라고 시바에게 기원하는 11세기의 각문이 타밀 지방 북부의 힌두교 사원에 남아 있다.

즉, 민족 분쟁은 20세기 내셔널리즘의 물결을 타고 국민 국가에서 에스닉 그룹 간의 정치적·경제적 싸움으로 벌어지고 있는 것일 뿐, 긴 역사 과정에서 신할라 민족과 타밀 민족은 공존했고 서로 문화도 혼합되어왔다. 그 좋은 예가 카타라가마 신앙일 것이다. 카타라가마는 스리랑카에서 무척 인기 있는 신으로, 특히 섬의 남동부에 있는 사원에는 전국에서 불교도와 힌두교도 양쪽의 수많은 신도가 순례하러 방문한다. 그리고 이 신은 본래 공작을 바하나(신이 타고 다니는 거로 묘사되는 동물 또는 상상의 생물-역주)로 삼아 타고 다니는 타밀의 민족신 무르간이다. 또 무슬림도 이 땅을 성지로 삼는 등, 여러 문화와 종교가 습합되어 있다.

또 다른 좋은 예에는 애덤스산이 있다. 나도 스리랑카

애덤스산을 등정하는 사람들

체재 중에 성스러운 봉우리로 여겨지는 이 산을 오른 적이
있다. 꼭대기 부분이 뾰족한 해발 2231미터의 정상까지
단차가 큰 돌계단이 깔려 있어서 오르기가 더 힘들다. 사
람들이 밤을 새가며 이 험준한 산의 정상을 목표로 발걸음
을 옮겨 해돋이를 보는 것을 지극한 행복으로 생각하는 것
은 어째서일까? 이는 정상의 좁은 공간에 암굴이 있는데,
그곳에 발자취로 여겨지는 것이 남아 있기 때문이다. 불
교도는 그것을 불족석이라며 숭배하고, 힌두교도는 시바
의 발자국이라 믿고, 무슬림은 아담의 발자국으로 신앙한
다. 즉, 이곳에서는 불교도와 힌두교와 무슬림이 어깨를

콜롬보 일반 가정의 조리대(왼쪽에서부터 가다랑어포·새우·긴어물, 뒤쪽의 병은 스파이스)

서로 붙이고 각자의 종교를 신앙하며 살고 있는 것이다.

　이는 당연히 식문화에 대해서도 할 수 있는 말이다. 스리랑카 요리는 스리랑카 요리로서 하나의 특색을 가지기에 이르렀다. 내가 제8장에서 말한 방송대학 프로그램을 만들었을 때 15회 테마 중의 하나를 '카레 문화론——남아시아 문화의 통일성'으로 잡아서 그때 스리랑카 요리의 특색에 대해 설명한 적이 있다. 이는 당연히 통일성 있는 남아시아 요리에 있어서 스리랑카 요리가 지니는 특수성이라는 의미이다.

　특수성 제1은 '매운맛'이다. 인도에서는 안드라 지방 요리가 매운 거로 유명한데, 확실히 마이소르에 살았을 때 근처에 살던 안드라 출신 가정의 요리는 매웠다. 하지만 내가 여태까지 먹었던 음식 중에서 가장 매웠던 음식은 과거 젊었을 때 도쿄에서 초대받아 방문했던 스리랑카 외교관 집에서 먹었던 음식이다. 그야말로 머리끝까지 마비되는 듯 매웠다. 그치만 실로 맛있었다. '스리랑카 음식은 맛있다!'는 생각은 그 후 여러 차례 스리랑카를 방문했음에도 바뀌지 않았다.

그 맛의 비밀을 설명하겠다. 물론 매운맛은 고추에서 나온다. 하지만 스리랑카 요리의 경우에는 그저 요리에 고추가 들어 있는 게 아니라 고추가 몰디브 피쉬와 잘 어우러져 있는 점에 맛의 특색이 있다. 몰디브 피쉬란 아라비아해 몰디브 제도에서 만들어 먹는 가다랑어포이다. 14세기에 이 땅에 체재한 이븐 바투타도 생선 훈제에 대하여 기술했는데, 신기하게도 이곳에서는 일본 가다랑어포(가쓰오부시)와 아주 흡사한 가다랑어포를 만들어 먹는다. 단, 에도 시대 중기에 제조법이 확립된 일본의 가다랑어포처럼 딱딱하게 건조시키지 않고 다소 부드러운 맛을 유지한다. 그리고 스리랑카 요리에선 일본과 마찬가지로 음식의 맛을 낼 때 이 가다랑어포를 다용한다.

부드러운 가다랑어포는 일본에서처럼 얇게 깎지 않고 큼직한 돌절구와 무거운 나무 절굿공이로 부순다. 절굿공이는 쪽 뻗은 길쭉한 막대기 모양으로 되어 있는데, 이를 양손으로 잡고 깊은 돌절구 구멍 안에 넣은 가다랑어포를 쿵 쿵 내려치면 말린 가다랑어는 부서져 점점 작은 조각으로 으깨

몰디브 피쉬를 돌절구와 절굿공이로 부수는 모습

지고, 나중에 가서는 거의 먼지처럼 된다. 이를 고추하고 섞어 요리마다 넣는데, 경우에 따라서는 요리 위에 뿌리는 경우도 적지 않다. 이처럼 이용법도 일본의 가다랑어포와 매우 비슷한데, 우리에게는 이 가다랑어에서 나온 '육수'

바닷바람에 살랑이는 야자나무(콜롬보, 갈레 페이스 호텔)

가 아주 감칠맛 나게 느껴지는 것이다. 고추의 매운맛에 하아 하아 하고 신음하면서도 멈출 수 없는 이유가 여기에 있다. 이 가다랑어포와 고추의 조합이야말로 스리랑카 요리의 특색 중의 하나라고 할 수 있다.

또 다른 특색은 코코넛을 많이 사용한다는 점이다. 이는 여러 가지로 관계 깊은 케랄라와 동일하다. 스리랑카에서도 인도에서라면 우유를 넣을 음식에 코코넛 밀크를 넣는다. 비행기를 타고 섬 북단의 자프나 상공을 지나며 하늘에서 내려다본 자프나 공항은 마치 코코넛 숲속에 위치하는 것처럼 보였다. 스리랑카 해안, 적어도 서해안 일

코코넛 열매

코코넛 주스 상인

코코넛 과육 긁어내기

코코넛 과육 말리기

대에는 코코넛 숲이 펼쳐져 있다. 내륙 쪽 가정집도 부지 내에 코코넛 나무가 없는 집이 없다고 해도 좋은 정도이다. 열매 외피가 통상적으로 우리가 흔히 보는 녹색이 아니라 노란색인 킹 코코넛 나무도 자주 눈에 띈다.

각 가정에는 코코넛 열매의 과육을 깎는 '코코넛 깎기'가 있다. 주부는 조리 전에 주방에 앉아 깎기를 무릎으로 고정시키고, 외피를 제거하고 반으로 쪼갠 코코넛을 그 도구에 밀어 넣어 내부에 붙은 하얀 과육을 깎아낸다. 이를 말려 가루로 만들면 과자에 뿌리는 코코넛 파우더가 된다. 여기에 물을 넣고 손으로 꽉 짜낸 주스를 모은 것이 코코넛 밀크이며, 이를 여러 가지 요리에 넣는다. 여기에서 코코넛 밀크와 앞서 언급한 가다랑어포를 넣는 오쿠라 카레 레시피를 소개하겠다.

레시피에 나오는 스파이스 중에서 카르핀차는 카레 잎을 말한다. 스리랑카 스파이스 중에서 특징적인 것은 '람페'와 레몬글라스와 흡사한 '세라'이다. 람페는 판다누스과 소고목의 잎사귀(향초)로 야자 잎을 단단하게 만들어 놓은 것처럼 생겼다. 5센티미터 크기로 자른 것 2~3장을 카레

오쿠라 카레(마리카 나와나 씨의 레시피)

재료 ──────

오쿠라 300g, 타마린드 엄지손가락 크기(페이스트의 경우에는 1/2작은술), 코코넛 밀크 1컵, 칠리 파우더 1/2작은술, 몰디브 피쉬 100g, 터메릭 1/2작은술, 작은 양파 1개 다진 것, 코리앤더 1작은술, 마늘 1쪽 다진 것, 펜넬 1작은술, 청고추 5개 적당히 썬 것, 시나몬 1/2작은술, 카라핀차 4~5장, 소금 1작은술, 람페 5cm가량 2~3장.

만드는 법 ──────

1 오쿠라는 꼭지를 뗀 후 비스듬하게 반으로 자르고, 몰디브 피쉬는 부셔 둔다.
2 물 1컵에 담근 타마린드를 잘 주물러 주스를 짜 둔다. 짜고 남은 것은 버린다.
3 두꺼운 냄비에 1, 2와 재료 전부와 스파이스를 넣는다.
4 재료가 잠기도록 물을 찰랑찰랑하게 붓고, 뚜껑을 덮고 약불에서 10분간 끓인다.

코코넛 밀크는 통조림에 물을 부어 묽게 만들어 쓰거나, 코코넛 파우더를 물에 풀어서 쓰면 좋다.

람페   세라

에 넣어 향을 낸다. 카레 잎과 마찬가지로 먹지는 않는다. 이러한 재료들 때문에 일본에서 만들기엔 다소 어려움이 있지만, 가다랑어포만 잘 부숴 넣으면 꽤 맛있게 완성된다. 하지만 카라핀차나 람페는 그냥 월계수 잎으로 대신하고 자신만의 맛을 내보면 어떨까?

여기에서 주식과 스낵에 대해서도 설명하겠다. 스리랑카에서는 남인도 및 동인도와 마찬가지로 통상은 쌀을 주식으로 하지만, 동시에 이른바 파보일드 라이스도 많이 먹는다. 남아시아와 서아시아에서는 고슬고슬한 밥을 좋아한다. 그래서 밥을 지을 때 물을 넉넉하게 부은 냄비에 쌀을 넣고 물이 끓어오르면 여분의 물을 버리는 방식을 취한다. 찰기가 생기지 않게 전분이 떠오른 물을 여러 차례 버리기도 하고, 부드러워지는 즉시 물을 모두 따라버리기도 한다. 파보일드 라이스란 이와 관련이 있는데, 벼를 한 번 찐 다음에 건조시켜 저장해둔 것을 말한다. 벌레가 슬지 않아 몇 년씩 보존할 수 있다. 이를 정미하여 식사할 때 한 번 더 밥을 짓는다.

이 밥은 끈기가 없고 특유의 냄새가 난다. 호불호는 사람에 따라 다르겠지만, 일반적으로 일본인의 입맛에는 안 맞는 편이다. 한 번은, 일본으로 치자면 교토에 해당한다고 할 수 있는 과거에 수도였던 아누라다푸라의 레스트 하우스에서 파보일드 라이스와 생선 요리를 먹은 적이 있다. 생선은 둥글게 썬 커다란 생선 토막을 그저 코코넛 오일로 구웠을 뿐이었는데, 파보일드 라이스와 토막 생선의 조합에 적잖이 당황했던 기억이 난다.

밥에 대해 설명한 김에, 죽에 대해서도 언급하고 넘어가겠다. 나는 인도에서 배탈 난 적이 별로 없지만, 스파이스의 강렬함에 속이 불편해졌을 때는 죽을 만들어달라고 하면 좋다. 타밀어로는 칸지라고 한다. 남인도 호텔에서는 그렇게 말하면 만들어 준다. 매실장아찌나 간장 또는 죽

위에 뿌려 먹을 가다랑어포가 있으면 되살아난 듯한 기분이 들 것이다.

쌀은 밥으로도 먹지만, 가루로 만들어 뜨거운 물로 익반죽한 것을 통 또는 구멍이 잔뜩 뚫린 원판에 넣고 밀어내 소면처럼 가늘고 길게 뽑아낸 다음 찜통에서 쪄내는 인디아파(인디아팜)로도 먹는다. 남인도 남부에서도 인디아파는 이들리와 마찬가지로 종종 만들어 먹는 음식 중의 하나이다. 재미있는 음식이 한 가지 더 있는데, 쌀가루를 코코넛 밀크로 반죽한 다음, 코코넛 기름을 두른 밥그릇 모양의 냄비에서 크레이프 모양으로 구워내는 아파(호퍼)이다. 가운데 계란을 떨어트린 것은 비타라 아파라고 하는데, 사람들이 스낵으로 즐겨 먹는 음식으로 길거리 포장마차에서도 많이 판다.

디저트에도 여러 가지 신기한 게 있는데, 대표적인 디저트는 와탈라판일 것이다. 원래 와탈라판은 타밀의 무슬림 음식이었다고도 한다. 마찬가지로 코코넛 밀크가 핵심이다. 한마디로 말하자면 설탕과 우유 대신에 재거리(조당)와 코코넛 밀크(와 계란 듬뿍)를 넣은 푸딩이다. 독특한 풍미가 있는 무척 인상적인 스리랑카의 맛이다.

꿀 요거트의 제조(왼쪽)와 판매(오른쪽)

　신기한 음식이 하나 더 있는데, 동남부 해안 함반토타 부근에서 먹는 꿀 요거트이다. 해안 간선도로를 자동차로 달리면 길거리에서 평평한 항아리에 든 것을 자판 위에 주르륵 늘어놓고 파는 것을 볼 수 있다. 진한 물소 젖으로 만든 요거트에 코코넛 허니를 부은 디저트로 더위에 몸이 지쳤을 때 먹으면 아주 맛있다. 코코넛 허니는 코코넛 꽃봉오리에 칼집을 넣어 채취한 수액을 졸여서 만드는 카라멜 상태의 꿀이다. 이와 마찬가지로 수액을 발효시켜 만드는 야자술(토디)은 마을 남자들의 즐거움 중의 하나이다.

　마지막으로 스리랑카에서는 음식을 차가운 식품과 따

야자술

뜻한 식품으로 분류한다. 예를 들어 커피, 빵나무 열매(브레드프루트), 망고, 닭고기 등은 따뜻한 식품으로 분류하고, 코코넛 주스, 호박, 코코넛 허니, 파파야, 우유 등은 차가운 식품으로 분류하는데, 이는 인도 전통 의학 '아유르베다'와 신할라 민족의 의료 지식이 융합되어 형성된 것이다. 감기에 걸렸을 때는 몸이 냉해지기 때문에 따뜻한 식품을 섭취해야 한다고 하는 등, 두 가지의 밸런스를 유지하는 것이 중시된다.

인도에서 '아유르베다'는 베다학의 일부로 전승되며, 기원후 이른 시기에 『차라카 삼히타Charaka Samhita』와 같은 뛰어난 의학서를 탄생시켰다. 현재도 100개 이상의 칼리지에서 전통 의학으로서 전문 교육을 하고 있으며, 특히 케랄라에서는 이에 근거한 치료와 건강법이 왕성하게 이루어지고 있다. 스리랑카에서는 아유르베다 전문의사가 서양 의학 전문의사보다 많은데, 과거에 세계 최초의 여성 총리 시리마보 반다라나이케 여사도 요양을 위해 케랄라에 체재한 적이 있다. 인도와 스리랑카의 식문화를 보다 잘 이해하기 위해서는 '아유르베다'의 지식도 필요하다.

고아의 시장

제10장 현대 인도 요리의 성립
―인도 문화론

우리 집에는 영어로 된 인도 요리책이 몇십 권이나 있다. 1970년대부터 1980년대에 걸쳐서 인도 요리책이 왕성하게 출판되었으며, 이를 바탕으로 1988년에 아르준 아파두라이라는 미국에서 활약하는 인도 문화인류학자가 「내셔널한 요리는 어떻게 만들어지는가――현대 인도 요리책」(참고 문헌 참조)이라는 논문을 발표했다.

논문의 취지는 새로운 중산 계급이 출현함으로써 전통적으로 종교 의례 및 건강 의학 등과 결부되어 있던 요리가 미각의 문제로 다루어지게 되었고, 이것이 또 사회의 유동화와 결부되면서 요리책이 출간되도록 자극하는 역할을 했으며, 이러한 과정을 통해 새로운 내셔널 요리가 창출된다는 것이었다.

지당한 지적이고 나도 동의하지만, 한 걸음 더 나아가서 나 나름대로 해석해보자면 다음과 같다. 북인도 요리는 일찍부터 인도의 넓은 지역에서 먹었고, 1980년대에 들어 아파두라이가 기술한 바와 같은 조건으로 인해 북인도에서도 남인도 요리를 먹기 시작했다. 이때부터 인도 전국에서 지방 요리에 관심을 갖게 되었고, 이러한 관심이 요리책을 출판하게 만들었다. 이는 그때까지 '지방' 요리에

각각의 요리를 위한 혼합 스파이스와 각종 혼합 재료

불과했던 음식이 '인도' 요리가 되었음을 의미하며, 이로 인해 비로소 '인도 요리'라는 게 탄생한 것이다.

논문이 작성된 때로부터 20년이 흐른 지금, '인도 요리' 창출 과정은 한층 심오해졌다. 한 가지 이유는 경제·통신 분야의 세계화 물결 때문이고, 다른 한 가지 이유는 식품 가공의 놀랄 만한 기술 혁신 때문이다. 과거에는 가정주부가 아침 일찍부터 무거운 돌절구를 데굴데굴 굴려 생 스파이스로 카레 페이스트를 만들었는데, 전동 돌절구로, 그리고 조합된 카레 가루로 변화했다.

그리고 오늘날에는 삼바르 파우더와 가람 마살라 파우더는 물론이고, 이들리를 만들어 먹을 수 있는 이들리 파우더, 나아가 머튼 코르마와 치킨 비리야니 등의 각종 레토르트 식품까지 출현했다. 또 최근의 눈부신 경제 발전 덕택에 이것들을 근처 슈퍼마켓이나 마트에서도 손쉽게 살 수 있게 되었다.

통신 쪽으로 눈을 돌리면, 인도는 이제 IT 강국이다. 인도 국내에서뿐 아니라 전 세계 어디에서나 웹사이트에 접속하면 인도 요리에 관한 정보를 실로 손쉽게 얻을 수 있다. 예를 들어 그중의 하나인 위키피디아 영문판에 들어가면 북인도, 남인도, 동인도, 북동인도, 서인도, 기타로 나누어 설명하고, 자이나 요리도 '기타' 섹션에서 다룰 정도이다. 우리 집에 있는 인도 요리책은 구시대의 산물이 되어가고 있다. 아파두라이가 서술한 상황은 현실 그 이상이 되었고, 그야말로 지금 인도 요리라는 것이 전국적으로 성립되었다고 할 수 있지 않을까?

단, 그리되면 문제는 '인도 요리란 무엇인가?' 하는 것이 된다. 여기서 잠시 이에 대하여 생각해보자. 이는 비단 요리의 문제가 아니라 문화 전체의 문제이지만, 나는 세계화가 계속해서 진행 중인 현 세계에 인도 문화의 존재 방식이 더없이 중요한 시사를 한다고 생각한다. 자세한 내용은 또 다른 졸고 「'인도 문화'는 존재하는가?」 또는 방송대학 텍스트 『남아시아의 문화를 배우다』(둘 다 참고 문헌 참고)를 참고하길 바란다.

인도는 다양성을 지닌 문화권이며 동시에 하나의 통일성을 지닌 지역이다. 중요한 것은 통일성이 다양성을 배제하고 무언가 단일한 것으로 통일하지 않고 다양성을 허용하는 형태로 통일했다는 점이다.

예를 들어 라마 왕자의 활약상을 그린 유명한 서사시 「라마야나」에는, 시인 발미키가 산스크리트어로 집필하여 나중에 라마 왕자를 비슈누의 화신 또는 라마신으로 숭배하게 만든 작품 외에, 옛날부터 '라마 이야기'로서 전승되어 온 불교 버전과 자이나교 버전 그리고 여러 가지 지방 버전이 있다. 중국의 『서유기』도 그중의 하나라는 설이 있다.

이처럼 버전이 다르면, 예를 들어 어느 자이나교 버전

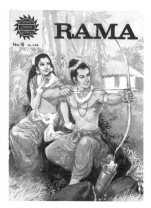

라마 이야기(만화책 표지)

처럼 라마의 아내 시타를 유괴하는 라바나가 사실은 시타의 부친이지만 그 사실을 모르고 유괴하는 등, 작품의 의미가 크게 달라지는 경우도 있다. 하지만 이처럼 다양성을 허용하면서도 인도 전체적으로는 '라마 이야기'로서 통일성을 유지한다.

이와 같은 시선으로 인도 요리를 보면, 남인도의 삼바르네, 북인도의 머튼 로간 조쉬네, 벵골의 마체르 졸이네 하고 말하지만, 이는 모두 여러 종류의 스파이스를 혼합하여 맛을 내고 우유를 여러 가지 방식으로 다용하는 '인도 요리'로서 통일성을 지닌다. 아파두라이처럼 '내셔널 요리'라고 표현하면 이는 필연적으로 현대 요리를 뜻하게 되는데, 방금 말한 스파이스와 우유라는 요소에 주목하면 '인도 요리'란 지금까지 각 장에서 살펴본 바와 같이 사람들이 '인도 요리'로 인식하지 않았더라도 실질적으로는 이미 중세

대학교 식당의 점심 메뉴

에 성립되었다고 할 수 있다.

반복하여 말하자면 인도 요리란 어디까지나 스파이스와 우유를 주요소로 하는 요리의 총칭이지만, 불과 얼마 전까지만 해도 다양한 이들 요리는 지방 및 커뮤니티(종교나 카스트에 의해 서로 다른 집단)에 의해 자신들의 요리로밖에는 인지되지 않았다. 하지만 이제는 인도 전체에서 인도 요리로 인지하며 먹는다. 이러한 시점은 아파두라이의 논문에서도 관찰되는데, 그야말로 다양성 속의 통일성이며, 나는 바로 여기에 세계화의 한복판에서 우리가 인도로부터 배워야 할 지혜가 존재한다고 생각한다.

내가 처음으로 먹은 카레는 엄마가 만들어준 카레였다. 큼직하게 썬 감자, 당근, 고기 등이 들어 있는 노란색 카레. 학창 시절 줄곧 엄마표 노란 카레를 먹었기 때문에 나는 이것이 카레의 본 모습이라 믿어 의심치 않았다.

그런데 이것이 웬일인가? 대학생 때 처음으로 일본에 갔는데, 갈색, 갈색, 갈색……. 일본 카레는 온통 갈색이었다. 색깔은 달랐지만, 감자와 당근과 고기 등이 들어 있다는 점, 접시에 담아 밥과 함께 먹는다는 점은 흡사했다. 하지만 마트에서 판매하는 시판 카레의 경우 한국에선 카레 가루가 대세인데 반해 일본에선 카레 루가 대세였다. 카레 루의 모양새도 신기했다. '이 초콜릿같이 생긴 건 뭐람? 이게 카레란 말이야?' 하며 코를 들이밀고 킁킁거리며 냄새를 맡아보니, 모양새는 두툼한 초콜릿 같았으나 냄새는 영락없는 카레의 그것이었다. 이때 처음으로 '카레란 무엇인가?', '내가 여태껏 카레라고 믿어온 그것은 카레가 아니었단 말인가?' 하는 혼란을 느꼈다.

그 후 직장 생활 시절에 회사 동료와 식사하러 갔는데, 맛있는 집이 있다며 나를 데려간 곳이 인도 레스토랑이었다. 그곳에서 회사 동료가 주문한 것은 난과 팔락 파니르였다. 그런데 이 팔락 파니르라는 카레의 비주얼이 또 충격적이었다. 위험한 냄새가 감도는 늪 같은 짙은 녹색의 낯선 무언가. 카레에 대한 관념이 한 번 더 크게 요동쳤다.

현지인이 운영하는 그곳에서 처음으로 먹은 인도 카레는 한국 카레와도 다르고 일본 카레와도 달랐다. 동시에 꼬집어 설명할 수는 없지만 무언가 공통점도 있는 듯 느껴졌다. 무엇보다 맛이 아주 매력적이라 나는 즉시 인도 카레에 매료되었다. 피어오르는 의문에는 '알게 뭐야! 맛만 있으면 장땡이지!'라는 단순 무식한 결론을 내리고 서울 이곳저곳의 인도 카레 집을 신나서 순례하기 시작하였다.

그리고 시간이 흘러 2019년, 이 책의 번역 의뢰를 받았다. 이 책은 과거에 방치해버리고 온 궁금증을 시원하고 깔끔하게 해소해주었다. 한편, 작업하는 내내 침이 고여 책상을 박차고 뛰쳐나가 카레 집으로 직행하고 싶은 충동에 반복적으로 사로잡혀 얼마나 곤욕이었는지 모른다.

지금 현재는 이인조 음악 그룹 노라조의 카레를 틀어놓고 유쾌한 기분으로 이 후기를 쓰는 중이다. 아무쪼록 독자 여러분에게도 흥미로운 스토리와 맛있는 레시피가 담긴 이 책이 카레를 다양한 방식으로 즐기는 데 도움이 되길 바란다.

2019년 12월

옮긴이 김진희

카레 관련 용어집

● 스파이스

- 아위(assafoetida) : 팔각 뿌리에서 채취한 수지
- 카시아(cassia) : 녹나무과의 나무껍질. 시나몬에 비해 곱지 않으나, 시장에서 시나몬으로 널리 판매된다.
- 가람 마살라(garam masala) : 북인도풍의 혼합 향신료.
- 카다몬(cardamon) : 소두구. 생강과에 속하는 식물의 종자.
- 카라핀차(karapincha) : 스리랑카에서 커리 잎을 부르는 명칭.
- 커리 잎(curry leaf) : 카레나무(운향과)의 잎. 카레 냄새가 난다.
- 커민(cumin) : 미나리과에 속하는 식물인 커민의 종자.
- 클로브(clove) : 정향의 꽃봉오리를 건조시킨 것.
- 코리앤더(coriander) : 고수(미나리과). 작은 열매와 어린잎을 모두 쓴다.
- 시나몬(cinnammon) : 육계. 녹나무과의 나무껍질을 건조시킨 것.
- 세라(sera) : 스리랑카에서 레몬글라스를 부르는 명칭.
- 타마린드(tamarind) : 거목으로 자라는 콩과의 신맛 나는 나무 열매.
- 터메릭(turmeric) : 생강과인 강황의 뿌리를 건조시킨 것.
- 넛맥(nutmeg) : 육두구의 종자.
- 펜넬(fennel) : 회향의 종자.
- 베이 리프(bay leaf) : 월계수 잎.
- 밀라구(milagu) : 타밀어로 후추.
- 메이스(mace) : 육두구 씨앗을 둘러싼 가종피 부분.
- 람페(rampe) : 판다누스의 잎. 스리랑카에서 쓰는 향초.

●콩

- 우르드(urd) : 블랙 그램 또는 빙나 문고.
- 달(dal) : 껍질을 벗겨 큼직하게 쪼개거나 잘라 놓은 콩의 총칭.

- 차나(chana) : 병아리콩. 동류에 가르반조, 이집트콩, 벵골콩 등이 있다.
- 투르(toor, 아르하르arhar) : 피전피의 한 품종. 가장 널리 사용되는 콩 중의 하나이다. 나무는 약 2미터까지 자란다.
- 마수르(masoor) : 오렌지색 렌틸콩의 동류.
- 뭉(mung) : 녹두.

●빵
- 차파티(chapati) : 통밀가루로 만든 납작한 무발효빵.
- 난(naan) : 정제한 밀가루로 만든 도우를 발효시켜 구운 커다란 무화과 모양의 빵.
- 파라타(paratha) : 차파티 생지를 여러 겹의 층이 생기도록 기로 구워낸 빵.
- 푸리(puri) : 차파티 생지를 기름으로 튀긴 빵.
- 로티(roti) : 빵의 총칭. 또 난의 생지를 접시처럼 크고 납작하게 늘려서 구운 빵을 가리키기도 한다.

●요리
- 아차르(achar) : 야채와 덜 익은 과일을 식초와 스파이스, 기름, 설탕 등으로 절인 보존식. 피클.
- 아파(appa, 아팜appam) : 스리랑카에서는 호퍼(hoppers)라고도 한다. 쌀가루를 코코넛 밀크에 풀어서 만든 크레이프 모양의 스낵.
- 이들리(idli) : 옥수수나 진주조 가루를 익반죽하여 만든 둥글 넓적한 모양의 주식.
- 인디아파(idiyappa, 인디아팜idiyappam) : 쌀가루 반죽을 소면처럼 가늘고 길게 뽑아 찐 것.
- 빈달루(vindaloo) : 스파이스와 와인 비네거로 졸인 고아의 고기 요리.
- 가자르 할와(gajar halwa) : 당근을 기와 시럽으로 졸인 디저트.
- 케밥(kebab) : 고기와 생선, 때로는 야채에 스파이스를 발라 굽거나 튀긴 요리.
- 키르(kheer) : 현대 북인도에서 우유죽을 이르는 말.
- 쿠람부(kuzhambu) : 남인도풍 카레 수프. 고기나 생선이 들어간다.

- 코르마(korma) : 요거트를 넣고 졸인 카레 요리.
- 사브지(sabzi 또는 sabji) : 야채볶음찜. 야채를 한 차례 볶은 후 끓이는 요리. '반찬'이라는 의미로도 쓰인다.
- 사모사(samosa) : 삼각형 모양의 밀가루 도우 속에 익힌 고기나 생선을 넣어 튀긴 스낵.
- 삼바르(sambar 또는 sambhar) : 투르 달을 베이스로 하는 남인도풍 야채 수프 카레.
- 시크 카바브(seekh kabab) : 스파이스를 넣고 반죽한 간고기를 꼬챙이 둘레에 붙여 구운 케밥.
- 달(dal) : 콩 섹션에 나오는 달을 푹 끓인 요리. 달 수프라고도 한다.
- 탄두리 치킨(tandoori chicken) : 스파이스와 요거트에 재운 치킨을 꼬챙이에 꿰어 탄두르(흙 화덕)에서 구워내는 요리.
- 처트니(chutney) : 으깬 야채와 과일을 식초, 설탕, 스파이스 등으로 맛을 낸 소스. 요리와 스낵에 곁들인다.
- 도사이(dosai) : 쌀과 진주조를 발효시켜 크레이프 모양으로 구워낸 스낵.
- 파니르(paneer) : 끓인 우유에 식초를 넣어 만든 코티지 치즈.
- 파니르 마트르(paneer mattar) : 완두콩과 파니르를 넣고 만든 카레.
- 파야사(payasa) : 고대의 우유죽. 오늘날에는 디저트로 제공한다.
- 팔락 파니르(palak paneer) : 시금치와 파니르를 넣고 만든 카레.
- 할와(halwa) : 야채와 세몰리나를 기와 설탕으로 졸인 달콤한 과자.
- 비타라 아파(bittara appa) : 계란을 넣은 스리랑카의 아파. 에그 호퍼.
- 필라프(pilaf, 필라우pilau, 풀라오pulao, 필라브pilav) : 현대 인도에서는 사프란 라이스와 같은 산뜻한 향신료를 넣은 밥을 지칭한다.
- 비리야니(biriani) : 고기나 야채, 스파이스, 너츠, 요거트 등을 넣고 만든 밥.
- 버빈카(bebinca) : 코코넛 밀크, 밀가루, 계란, 기, 설탕, 재거리로 만든 고아풍의 리치한 케이크.
- 마살라 도사이(masala dosai) : 야채 카레를 넣은 도사이.
- 마체르 졸(macher jhol) : 벵골풍 생선 카레.
- 머튼 로간 조쉬(mutton rogan josh) : 스파이스를 넉넉하게 넣은 카슈미르풍 머튼(양고기) 카레.

- 멀리거토니(mulligatawny) : 타밀어로 밀라구 탄니(milagu tanni)라고 하는 수프가 유럽에 유입되어 퍼진 것.
- 라삼(rasam) : 주로 후추와 타마린드로 맛을 낸 부드러운 남인도풍 카레.
- 로쇼골라(roshogollah, 라스굴라rasgulla) : 동그란 코티지 치즈를 시럽에 절인 디저트.
- 와탈라판(watalappan) : 코코넛 밀크, 계란, 재거리로 만든 스리랑카의 푸딩.

●식재 외 기타

- 아따(atta) : 통밀가루.
- 기(ghee) : 버터에서 수분을 제거한 기름. 인도의 고급 요리와 과자에는 필수이다.
- 코코넛 허니(coconut honey) : 코코넛의 꽃봉오리에서 채취한 수액을 졸인 시럽.
- 코코넛 밀크(coconut milk) : 깎은 코코넛 과육을 꽉 짜서 얻은 흰 액체.
- 사그(saag) : 푸른 잎 채소 일반.
- 재거리(jaggery) : 수액을 원료로 하는 정제하기 전의 조당.
- 탈리(thali) : 인도식 정식요리. 큰 접시라는 뜻이다. 채식용과 육식용이 있다.
- 탄두르(tandoor) : 흙으로 만든 커다란 화덕. 내부에 숯불을 피워 고기나 빵을 굽는다.
- 토디(toddy, 아라크arak) : 탁주 야자술. 스리랑카에서는 증류주(아라크)로 제조하여 병에 담아 팔기도 한다.
- 바스마티(basmati) : 낟알이 길쭉한 고급 인디카 쌀.
- 파보일드 라이스(parboiled rice) : 벼를 한 번 찐 다음에 보관한 쌀.
- 힐사(hilsa, 일리쉬ilish) : 벵골에서 즐겨 먹는 청어과 생선. 강에서 잡는다.
- 페니(fenny) : 캐슈넛 꽃자루로 만든 고아 지방의 증류주.
- 몰디브 피쉬(maldive fish) : 스리랑카 가다랑어포.
- 라임(lime) : 동그란 탁구공 크기의 레몬.
- 로후(rohu, 루이rui) : 벵골에서 즐겨 먹는 잉어과 민물 생선.

참고 문헌

- Charmaine Solomon, *Indian Cooking for Pleasure*, Sydney, Ure Smith, 1978
- Arjun Appadurai, "how to make a national cuisine: cookbooks in contemporary India", *Comparative Studies in Society and History* 30 (1), 1988, pp. 3-24.
- K.T. Achaya, *Indian Food: A Historical Companion*. New Delhi, Oxford University Press, 1994
- Maria Teresa Menezes, *The Essential Goa Cookbook*, Penguin Books, 2000
- D. N. Jha, *The Myth of the Holy Cow*, London, Verso, 2002(그 후 인도에서의 출판은, New Delhi, Navayana Publishing, 2009)
- Vimla Patil, *The Complete Indian Cookbook: Kashmir to Kanyakumari*, New Delhi, Rupa, 2003
- Channa Dassanayaka, *Sri Lankan Flavours: A journey through the island's food and culture*, Victoria, Hardie Grant Books, 2003
- Lizzie Collingham, *Curry:a biography*, London, Chatto & Windus, 2005(이듬해에 거의 같은 책인, *Curry: A Tale of Cooks & Conquerors*가 New York, Oxford Universty Press에서 출판됨. 최초판 일역:『인도카레전インドカレー伝』. 도고 에리카東郷えりか 역, 가와데쇼보신샤河出書房新社, 2006)
- Sujit Bose, *Bengali Kitchen*, New Delhi, Roli Books, 2007
- Salma Husain, *The Emperor's Table: The Art of Mughal Cuisine*, New Dalhi, Roli Books, 2008

- 가라시마 노보루(辛島昇)·나라 야스아키(奈良康明)『인도의 얼굴

(インドの顔)』(생활 세계 역사 5), 가와데쇼보신샤(河出書房新社), 1975 : 가와데문고(河出文庫), 1991

- 가라시마 다카코(辛島貴子)『우리들의 인도(私たちのインド)』, 호쿠요샤(北洋社), 1976 : 주코문고(中公文庫), 1983

- 주간아사히백과(週刊朝日百科)『세계의 음식 48(世界の食べ物48)』(인도 아대륙 1), 아사히신문사(朝日新聞社), 1981

- 주간아사히백과(週刊朝日百科)『세계의 음식 49(世界の食べ物49)』(인도 아대륙 2), 아사히신문사(朝日新聞社), 1981

- Renu Arora『나의 인도 요리(私のインド料理)』, 시바타쇼텐(柴田書店), 1983

- 가라시마 노보루(辛島昇)·가라시마 다카코(辛島貴子) + 편집부 편저『카레의 신상(カレーの身の上)』(아스팔트 북스), 가와데쇼보신샤(河出書房新社), 1986

- 요시다 요시코(吉田よし子)『향신료의 민족학——카레 나무와 고추냉이 나무(香辛料の民族学——カレーの木とワサビの木)』, 주코신쇼(中公新書), 1988

- 가리야 데쓰(雁屋哲) 원작·하나사키 아키라(花咲アキラ) 그림『맛의 달인(美味しんぼ)』24(카레 승부), 쇼가쿠칸(小学館), 1990

- 가라시마 노보루(辛島昇) 편저『드라비다의 세계——인도 입문II(ドラヴィダの世界——インド入門II)』, 도쿄대학출판회(東京大学出版会), 1994

- 가라시마 노보루(辛島昇)·가라시마 다카코(辛島貴子)『카레학 입문(カレー学入門)』, 가와데문고(河出文庫), 1998

- 가라시마 노보루(辛島昇)『남아시아 문화를 배우다(南アジアの文化を学ぶ)』(방송대학 텍스트), 방송대학교육진흥회(放送大学教育振興会), 2000

- 가라시마 노보루(辛島昇) 글·오무라 쓰구사토(大村次郷) 사진『바다의 실크로드——중국 취안저우에서 이스탄불까지(海のシルクロード——中国·泉州からイスタンブールまで)』, 슈에이샤(集英社), 2000

- 가라시마 노보루(辛島昇)「'인도 문화'는 존재하는가?(インド文化は存在するのか)」, 가라시마 노보루·다카야마 히로시(高山博)『지역의 성립 과정(地域の成り立ち)』(지역의 세계사 3), 야마카와출판사(山川出版社), 2000, 240-75

- Mira Mehta 『인도, 카레 여행(インド, カレーの旅)』, 문화출판국(文化出版局), 2001
- Begum Akhtar 『10분 만에 만들 수 있는 남인도 요리(10分間でできる南インド料理)』, Neko Publishing, 2002
- 가라시마 노보루(辛島昇) 외 감수 『남아시아를 알 수 있는 사전(南アジアを知る事典)』(신정증보판), 헤이본샤(平凡社), 2002
- 고스게 게이코(小菅桂子) 『카레라이스의 탄생(カレーライスの誕生)』, 고단샤(講談社), 2002
- 니시오카 나오키(西岡直樹) 『사라쌍수 나무 아래에서——인도 식물 이야기(サラソウジュの木の下で——インド植物ものがたり)』, 헤이본샤(平凡社), 2003
- 가라시마 노보루(辛島昇) 편저 『남아시아 역사(南アジア史)』(신판·세계 각국사7), 야마카와출판사(山川出版社), 2004
- 고이소 지히로(小磯千尋)·고이소 마나부(小磯学), 『인도(インド)』(세계의 식문화 8), 농산어촌문화협회(農山漁村文化協会), 2006
- Jill Norman 『스파이스 완전 가이드(スパイス完全ガイド)』, 산과계곡사(山と溪谷社), 2006
- 시바타쇼텐(柴田書店) 편집 『카레의 모든 것——프로의 맛, 프로의 테크닉(カレーのすべて——プロの味, プロのテクニック)』, 시바타쇼텐, 2007

일본의 지성을 읽는다

001 이와나미 신서의 역사
가노 마사나오 지음 | 기미정 옮김 | 11,800원

일본 지성의 요람, 이와나미 신서!
1938년 창간되어 오늘날까지 일본 최고의 지식 교양서 시리즈로 사랑
받고 있는 이와나미 신서. 이와나미 신서의 사상·학문적 성과의 발
자취를 더듬어본다.

002 논문 잘 쓰는 법
시미즈 이쿠타로 지음 | 김수희 옮김 | 8,900원

이와나미서점의 시대의 명저!
저자의 오랜 집필 경험을 바탕으로 글의 시작과 전개, 마무리까지, 각
단계에서 염두에 두어야 할 필수사항에 대해 효과적이고 실천적인
조언이 담겨 있다.

003 자유와 규율 -영국의 사립학교 생활-
이케다 기요시 지음 | 김수희 옮김 | 8,900원

자유와 규율의 진정한 의미를 고찰!
학생 시절을 퍼블릭 스쿨에서 보낸 저자가 자신의 체험을 바탕으로,
엄격한 규율 속에서 자유의 정신을 훌륭하게 배양하는 영국의 교육
에 대해 말한다.

004 외국어 잘 하는 법
지노 에이이치 지음 | 김수희 옮김 | 8,900원

외국어 습득을 위한 확실한 길을 제시!!
사전·학습서를 고르는 법, 발음·어휘·회화를 익히는 법, 문법의 재
미 등 학습을 위한 요령을 저자의 체험과 외국어 달인들의 지혜를 바
탕으로 이야기한다.

005 일본병 -장기 쇠퇴의 다이내믹스-
가네코 마사루, 고다마 다쓰히코 지음 | 김준 옮김 | 8,900원

일본의 사회 · 문화 · 정치적 쇠퇴, 일본병!
장기 불황, 실업자 증가, 연금제도 파탄, 저출산 · 고령화의 진행, 격차와 빈곤의 가속화 등의 「일본병」에 대해 낱낱이 파헤친다.

006 강상중과 함께 읽는 나쓰메 소세키
강상중 지음 | 김수희 옮김 | 8,900원

나쓰메 소세키의 작품 세계를 통찰!
오랫동안 나쓰메 소세키 작품을 음미해온 강상중의 탁월한 해석을 통해 나쓰메 소세키의 대표작들 면면에 담긴 깊은 속뜻을 알기 쉽게 전해준다.

007 잉카의 세계를 알다
기무라 히데오, 다카노 준 지음 | 남지연 옮김 | 8,900원

위대한 「잉카 제국」의 흔적을 좇다!
잉카 문명의 탄생과 찬란했던 전성기의 역사, 그리고 신비에 싸여 있는 유적 등 잉카의 매력을 풍부한 사진과 함께 소개한다.

008 수학 공부법
도야마 히라쿠 지음 | 박미정 옮김 | 8,900원

수학의 개념을 바로잡는 참신한 교육법!
수학의 토대라 할 수 있는 양 · 수 · 집합과 논리 · 공간 및 도형 · 변수와 함수에 대해 그 근본 원리를 깨우칠 수 있도록 새로운 관점에서 접근해본다.

009 우주론 입문 -탄생에서 미래로-
사토 가쓰히코 지음 | 김효진 옮김 | 8,900원

물리학과 천체 관측의 파란만장한 역사!
일본 우주론의 일인자가 치열한 우주 이론과 관측의 최전선을 전망하고 우주와 인류의 먼 미래를 고찰하며 인류의 기원과 미래상을 살펴본다.

010 우경화하는 일본 정치
나카노 고이치 지음 | 김수희 옮김 | 8,900원

일본 정치의 현주소를 읽는다!
일본 정치의 우경화가 어떻게 전개되어왔으며, 우경화를 통해 달성하려는 목적은 무엇인가. 일본 우경화의 전모를 낱낱이 밝힌다.

011 악이란 무엇인가
나카지마 요시미치 지음 | 박미정 옮김 | 8,900원

악에 대한 새로운 깨달음!
인간의 근본악을 추구하는 칸트 윤리학을 철저하게 파고든다. 선한 행위 속에 어떻게 악이 녹아들어 있는지 냉철한 철학적 고찰을 해본다.

012 포스트 자본주의 -과학·인간·사회의 미래-
히로이 요시노리 지음 | 박제이 옮김 | 8,900원

포스트 자본주의의 미래상을 고찰!
오늘날「성숙·정체화」라는 새로운 사회상이 부각되고 있다. 자본주의·사회주의·생태학이 교차하는 미래 사회상을 선명하게 그려본다.

013 인간 시황제
쓰루마 가즈유키 지음 | 김경호 옮김 | 8,900원

새롭게 밝혀지는 시황제의 50년 생애!
시황제의 출생과 꿈, 통일 과정, 제국의 종언에 이르기까지 그 일생을 생생하게 살펴본다. 기존의 폭군상이 아닌 한 인간으로서의 시황제를 조명해본다.

014 콤플렉스
가와이 하야오 지음 | 위정훈 옮김 | 8,900원

콤플렉스를 마주하는 방법!
「콤플렉스」는 오늘날 탐험의 가능성으로 가득 찬 미답의 영역, 우리들의 내계, 무의식의 또 다른 이름이다. 융의 심리학을 토대로 인간의 심층을 파헤친다.

015 배움이란 무엇인가

이마이 무쓰미 지음 | 김수희 옮김 | 8,900원

'좋은 배움'을 위한 새로운 지식관!

마음과 뇌 안에서의 지식의 존재 양식 및 습득 방식, 기억이나 사고의 방식에 대한 인지과학의 성과를 바탕으로 배움의 구조를 알아본다.

016 프랑스 혁명 -역사의 변혁을 이룬 극약-

지즈카 다다미 지음 | 남지연 옮김 | 8,900원

프랑스 혁명의 빛과 어둠!

프랑스 혁명은 왜 그토록 막대한 희생을 필요로 하였을까. 시대를 살아가던 사람들의 고뇌와 처절한 발자취를 더듬어가며 그 역사적 의미를 고찰한다.

017 철학을 사용하는 법

와시다 기요카즈 지음 | 김진희 옮김 | 8,900원

철학적 사유의 새로운 지평!

숨 막히는 상황의 연속인 오늘날, 우리는 철학을 인생에 어떻게 '사용'하면 좋을까? '지성의 폐활량'을 기르기 위한 실천적 방법을 제시한다.

018 르포 트럼프 왕국 -어째서 트럼프인가-

가나리 류이치 지음 | 김진희 옮김 | 8,900원

또 하나의 미국을 가다!

뉴욕 등 대도시에서는 알 수 없는 트럼프 인기의 원인을 파헤친다. 애팔래치아 산맥 너머, 트럼프를 지지하는 사람들의 목소리를 가감 없이 수록했다.

019 사이토 다카시의 교육력 -어떻게 가르칠 것인가

사이토 다카시 지음 | 남지연 옮김 | 8,900원

창조적 교육의 원리와 요령!

배움의 장을 항상심 넘치는 분위기로 이끌기 위해 필요한 것은 가르치는 사람의 교육력이다. 그 교육력 단련을 위한 방법을 제시한다.

020 원전 프로파간다 -안전신화의 불편한 진실-
혼마 류 지음 | 박제이 옮김 | 8,900원

원전 확대를 위한 프로파간다!
언론과 광고대행사 등이 전개해온 원전 프로파간다의 구조와 역사를
파헤치며 높은 경각심을 일깨운다. 원전에 대해서, 어디까지 진실인
가.

021 허블 -우주의 심연을 관측하다-
이에 마사노리 지음 | 김효진 옮김 | 8,900원

허블의 파란만장한 일대기!
아인슈타인을 비롯한 동시대 과학자들과 이루어낸 허블의 영광과 좌
절의 생애를 조명한다! 허블의 연구 성과와 인간적인 면모를 살펴볼
수 있다.

022 한자 -기원과 그 배경-
시라카와 시즈카 지음 | 심경호 옮김 | 9,800원

한자의 기원과 발달 과정!
중국 고대인의 생활이나 문화, 신화 및 문자학적 성과를 바탕으로, 한
자의 성장과 그 의미를 생생하게 들여다본다.

023 지적 생산의 기술
우메사오 다다오 지음 | 김욱 옮김 | 8,900원

지적 생산을 위한 기술을 체계화!
지적인 정보 생산을 위해 저자가 연구자로서 스스로 고안하고 동료
들과 교류하며 터득한 여러 연구 비법의 정수를 체계적으로 소개한다.

024 조세 피난처 -달아나는 세금-
시가 사쿠라 지음 | 김효진 옮김 | 8,900원

조세 피난처를 둘러싼 어둠의 내막!
시민의 눈이 닿지 않는 장소에서 세 부담의 공평성을 해치는 온갖 악
행이 벌어진다. 그 조세 피난처의 실태를 철저하게 고발한다.

025 고사성어를 알면 중국사가 보인다

이나미 리쓰코 지음 | 이동철, 박은희 옮김 | 9,800원

고사성어에 담긴 장대한 중국사!
다양한 고사성어를 소개하며 그 탄생 배경인 중국사의 흐름을 더듬어본다. 중국사의 명장면 속에서 피어난 고사성어들이 깊은 울림을 전해준다.

026 수면장애와 우울증

시미즈 데쓰오 지음 | 김수희 옮김 | 8,900원

우울증의 신호인 수면장애!
우울증의 조짐이나 증상을 수면장애와 관련지어 밝혀낸다. 우울증을 예방하기 위한 수면 개선이나 숙면법 등을 상세히 소개한다.

027 아이의 사회력

가도와키 아쓰시 지음 | 김수희 옮김 | 8,900원

아이들의 행복한 성장을 위한 교육법!
아이들 사이에서 타인에 대한 관심이 사라져가고 있다. 이에 「사람과 사람이 이어지고, 사회를 만들어나가는 힘」으로 「사회력」을 제시한다.

028 쑨원 -근대화의 기로-

후카마치 히데오 지음 | 박제이 옮김 | 9,800원

독재 지향의 민주주의자 쑨원!
쑨원, 그 남자가 꿈꾸었던 것은 민주인가, 독재인가? 신해혁명으로 중화민국을 탄생시킨 희대의 트릭스터 쑨원의 못다 이룬 꿈을 알아본다.

029 중국사가 낳은 천재들

이나미 리쓰코 지음 | 이동철, 박은희 옮김 | 8,900원

중국 역사를 빛낸 56인의 천재들!
중국사를 빛낸 걸출한 재능과 독특한 캐릭터의 인물들을 연대순으로 살펴본다. 그들은 어떻게 중국사를 움직였는가?!

030 마르틴 루터 -성서에 생애를 바친 개혁자-

도쿠젠 요시카즈 지음 | 김진희 옮김 | 8,900원

성서의 '말'이 가리키는 진리를 추구하다!
성서의 '말'을 민중이 가슴으로 이해할 수 있도록 평생을 설파하며 종교개혁을 주도한 루터의 감동적인 여정이 펼쳐진다.

031 고민의 정체

가야마 리카 지음 | 김수희 옮김 | 8,900원

현대인의 고민을 깊게 들여다본다!
우리 인생에 밀접하게 연관된 다양한 요즘 고민들의 실례를 들며, 그 심층을 살펴본다. 고민을 고민으로 만들지 않을 방법에 대한 힌트를 얻을 수 있을 것이다.

032 나쓰메 소세키 평전

도가와 신스케 지음 | 김수희 옮김 | 9,800원

일본의 대문호 나쓰메 소세키!
나쓰메 소세키의 작품들이 오늘날에도 여전히 사람들의 마음을 매료시키는 이유는 무엇인가? 이 평전을 통해 나쓰메 소세키의 일생을 깊이 이해하게 되면서 그 답을 찾을 수 있을 것이다.

033 이슬람문화

이즈쓰 도시히코 지음 | 조영렬 옮김 | 8,900원

이슬람학의 세계적 권위가 들려주는 이야기!
거대한 이슬람 세계 구조를 지탱하는 종교·문화적 밑바탕을 파고들며, 이슬람 세계의 현실이 어떻게 움직이는지 이해한다.

034 아인슈타인의 생각

사토 후미타카 지음 | 김효진 옮김 | 8,900원

물리학계에 엄청난 파장을 몰고 왔던 인물!
아인슈타인의 일생과 생각을 따라가 보며 그가 개척한 우주의 새로운 지식에 대해 살펴본다.

035 음악의 기초
아쿠타가와 야스시 지음 | 김수회 옮김 | 9,800원

음악을 더욱 깊게 즐길 수 있다!
작곡가인 저자가 풍부한 경험을 바탕으로 음악의 기초에 대해 설명하는 특별한 음악 입문서이다.

036 우주와 별 이야기
하타나카 다케오 지음 | 김세원 옮김 | 9,800원

거대한 우주의 신비와 아름다움!
수많은 별들을 빛의 밝기, 거리, 구조 등 다양한 시점에서 해석하고 분류해 거대한 우주 진화의 비밀을 파헤쳐본다.

037 과학의 방법
나카야 우키치로 지음 | 김수회 옮김 | 9,800원

과학의 본질을 꿰뚫어본 과학론의 명저!
자연의 심오함과 과학의 한계를 명확히 짚어보며 과학이 오늘날의 모습으로 성장해온 궤도를 사유해본다.

038 교토
하야시야 다쓰사부로 지음 | 김효진 옮김

일본 역사학자의 진짜 교토 이야기!
천년 고도 교토의 발전사를 그 태동부터 지역을 중심으로 되돌아보며, 교토의 역사와 전통, 의의를 알아본다.

039 다윈의 생애
야스기 류이치 지음 | 박제이 옮김

다윈의 진솔한 모습을 담은 평전!
진화론을 향한 청년 다윈의 삶의 여정을 그려내며, 위대한 과학자가 걸어온 인간적인 발전을 보여준다.

040 일본 과학기술 총력전
야마모토 요시타카 지음 | 서의동 옮김

구로후네에서 후쿠시마 원전까지!
메이지 시대 이후「과학기술 총력전 체제」가 이끌어온 근대 일본 150
년. 그 역사의 명암을 되돌아본다.

041 밥 딜런
유아사 마나부 지음 | 김수희 옮김

시대를 노래했던 밥 딜런의 인생 이야기!
수많은 명곡으로 사람들을 매료시키면서도 항상 사람들의 이해를 초
월해버린 밥 딜런. 그 인생의 발자취와 작품들의 궤적을 하나하나 짚
어본다.

042 감자로 보는 세계사
야마모토 노리오 지음 | 김효진 옮김

인류 역사와 문명에 기여해온 감자!
감자가 걸어온 역사를 돌아보며, 미래에 감자가 어떤 역할을 할 수 있
는지, 그 가능성도 아울러 살펴본다.

043 중국 5대 소설 삼국지연의·서유기 편
이나미 리쓰코 지음 | 장원철 옮김

중국 고전소설의 매력을 재발견하다!
중국 5대 소설로 꼽히는 고전 명작『삼국지연의』와『서유기』를 중국
문학의 전문가가 흥미롭게 안내한다.

044 99세 하루 한마디
무노 다케지 지음 | 김진희 옮김

99세 저널리스트의 인생 통찰!
저자는 인생의 진리와 역사적 증언들을 짧은 문장들로 가슴 깊이 우
리에게 전한다.

045 불교입문
사이구사 미쓰요시 지음 | 이동철 옮김

불교 사상의 전개와 그 진정한 의미!
붓다의 포교 활동과 사상의 변천을 서양 사상과의 비교로 알아보고,
나아가 불교 전개 양상을 그려본다.

046 중국 5대 소설 수호전·금병매·홍루몽 편
이나미 리쓰코 지음 | 장원철 옮김

중국 5대 소설의 방대한 세계를 안내하다!
「수호전」, 「금병매」, 「홍루몽」이 세 작품이 지니는 상호 불가분의 인
과관계에 주목하면서, 서사란 무엇인지에 대해서도 고찰해본다.

047 로마 산책
가와시마 히데아키 지음 | 김효진 옮김

'영원의 도시' 로마의 역사와 문화!
일본 이탈리아 문학 연구의 일인자가 로마의 거리마다 담긴 흥미롭
고 오랜 이야기를 들려준다. 로마만의 색다른 낭만과 묘미를 좇는 특
별한 로마 인문 여행.

IWANAMI 048

카레로 보는 인도 문화

초판 1쇄 인쇄 2020년 1월 10일
초판 1쇄 발행 2020년 1월 15일

저자 : 가라시마 노보루
사진 : 오무라 쓰구사토
번역 : 김진희
감수 : 최광수

펴낸이 : 이동섭
편집 : 이민규, 서찬웅, 탁승규
디자인 : 조세연, 김현승
영업·마케팅 : 송정환
e-BOOK : 홍인표, 김영빈, 유재학, 최정수
관리 : 이윤미

㈜에이케이커뮤니케이션즈
등록 1996년 7월 9일(제302-1996-00026호)
주소 : 04002 서울 마포구 동교로 17안길 28, 2층
TEL : 02-702-7963~5   FAX : 02-702-7988
http://www.amusementkorea.co.kr

ISBN 979-11-274-3048-1 04910
ISBN 979-11-7024-600-8 04080

COLOR BAN INDIA CURRY KIKO
by Noboru Karashima
photos by Tsugusato Ohmura
Text copyright © 2009, 2016 by Takako Karashima
Photograph copyright © 2009 by Tsugusato Ohmura
First published 2009 by Iwanami Shoten, Publishers, Tokyo.
This Korean print form edition published 2020
by AK Communications, Inc., Seoul
by arrangement with Iwanami Shoten, Publishers, Tokyo.

이 도서의 국립중앙도서관 출판예정도서목록(CIP)은 서지정보유통지원시스템 홈페이지
(http://seoji.nl.go.kr)와 국가자료공동목록시스템(http://www.nl.go.kr/kolisnet)에서 이용
하실 수 있습니다. (CIP제어번호: CIP2019052940)

*잘못된 책은 구입한 곳에서 무료로 바꿔드립니다.